Questions contemporaines
Série « Les Jeudis de L'Harmattan »
Dirigée par Bruno Péquignot

Les Éditions L'Harmattan, éditeur de Sciences Humaines depuis 1975 souhaitent, plus que jamais alimenter le débat, notamment en organisant chaque année Les jeudis de L'Harmattan.

Ces derniers, organisés en trois ou quatre sessions, consistent en une série de tables rondes sur des thèmes transversaux et interdisciplinaires, qui font l'objet de débats entre chercheurs et praticiens.

Ces rencontres cherchent à réunir des auteurs d'ouvrages importants, publiés ou non aux éditions L'Harmattan, et ainsi contribuer au débat nécessaire, non seulement à la recherche scientifique, mais aussi à la vie démocratique.

Cette nouvelle série de la collection « Questions contemporaines » accueillera la publication des interventions lors de ces tables rondes.

En 2017, le thème retenu était « l'Europe ». Quatre rencontres ont eu lieu autour des questions géopolitiques et économiques, qui font l'objet de ce premier tome, et autour des approches historiennes et philosophiques, qui sont réunies dans le deuxième volume de cette série.

En 2018, le thème retenu est « la mondialisation » et sera traité lors de trois rencontres, où l'on retrouvera les questions économiques et politiques, mais aussi historiennes et culturelles.

Dernières parutions

Bruno PÉQUIGNOT (dir.), *Les industries culturelles et créatives dans la mondialisation*, 2019.
Dominique CHÂTEAU, Bruno PÉQUIGNOT (dir.), *L'Europe. Histoire et philosophie*, 2018.
Jean-Paul CHAGNOLLAUD, Xavier RICHET (dir.), *L'Europe. Approches géopolitique et économique*, 2018.

Une mondialisation contrariée

5-7, rue de l'École-Polytechnique, 75005 Paris

www.editions-harmattan.fr

ISBN : 978-2-343-16753-4
EAN : 9782343167534

Sous la direction de
Xavier Richet
et Julien Vercueil

Une mondialisation contrariée

L'Europe et la Chine face à de nouveaux enjeux

L'Harmattan

Sommaire

INTRODUCTION 9

PARTIE I
LES NOUVEAUX ENJEUX DE LA MONDIALISATION

Les avatars de la mondialisation.
Remarques sur quatre scénarios plausibles 15
Julien Vercueil

Le réchauffement climatique 33
Jean-Paul Maréchal

L'heure des bilans. Quelles sont les causes économiques
de l'échec des gouvernements progressistes en Argentine
et au Brésil dans les années 2000 ? 51
Pierre Salama

PARTIE II
LA CHINE, PORTE-ÉTENDARD DE LA NOUVELLE MONDIALISATION ?

Le vingt-et-unième siècle ne sera pas le siècle de la Chine 89
Jean Ruffier & Rigas Arvanitis

La présence chinoise en Afrique : trois illustrations 123
Thierry Pairault

Partie III
L'Europe face à la « voie Chinoise » de la mondialisation

La tête du dragon : la présence chinoise, entre business et politique 151
Guilhem Fabre

La présence chinoise à la périphérie de l'Europe. Le « Format 16 + 1 », le cheval de Troie de la Chine ? 173
Xavier Richet

L'Europe et la Chine dans le monde globalisé. Les effets géopolitiques de la nouvelle route de la soie 207
Katja Banik

INTRODUCTION

Depuis les travaux pionniers de Robert Reich[1] au début des années 1990, l'analyse de la mondialisation n'a cessé de s'enrichir de nouveaux éléments. Après la chute du mur de Berlin, la fin de l'histoire prophétisée par Francis Fukuyama[2] n'a pas eu lieu et le capitalisme a poursuivi son développement problématique et parfois chaotique : les crises financières se sont succédé (1995 au Mexique, 1997 en Asie du Sud et de l'Est, 1998 en Russie et au Brésil, 2000 en Argentine, 2001 aux États-Unis et en Europe avec les start-up et les nouvelles technologies, 2008 aux États-Unis puis dans le monde entier avec les *subprimes*, 2011 dans la zone euro, etc.), mais également les périodes de croissance, voire d'expansion favorisant d'autres bouleversements géoéconomiques (l'émergence de nouveaux acteurs régionaux et mondiaux : la zone euro, l'Europe élargie, les pays émergents et les BRIC, aspirant au statut de nouveaux pôles dans les échanges mondiaux).

Le caractère heurté de la progression du capitalisme dans le monde se lit aussi dans ses conséquences non économiques, parfois indirectes : montée des périls environnementaux avec le réchauffement climatique, la chute de

---

[1] R. Reich (1991) : *L'économie mondialisée*. Paris : Dunod, 1993.
[2] F. Fukuyama (1992) : *La fin de l'histoire et le dernier homme*. Paris : Flammarion, 1992.

la biodiversité et leurs conséquences sur les sociétés, mais aussi multiplication des foyers de contestations sociopolitiques de pouvoir autoritaire, débouchant dans certains cas sur des transitions démocratiques difficiles (Tunisie), dans d'autres sur des déflagrations civiles et militaires dramatiques (Libye et Syrie).

Ce livre ne prétend pas faire la synthèse de ces évolutions. Il se donne plutôt pour but de présenter des éclairages particuliers sur les rôles respectifs de l'Europe et de la Chine dans les évolutions contemporaines de cette mondialisation. Pour contrariée et contradictoire qu'elle soit, notamment dans le domaine des négociations climatiques (voir le chapitre de Jean-Paul Maréchal) et dans ses effets sur les économies les plus vulnérables (voir l'exemple sud-américain traité par le chapitre de Pierre Salama), la mondialisation n'est pas pour autant à l'arrêt (voir le chapitre de Julien Vercueil), car elle est portée par les nouvelles technologies et l'essor de certains pays asiatiques, en particulier la Chine.

Une des questions centrales que pose ce livre est donc celle des effets de l'essor chinois sur les nouveaux contours de la mondialisation. Face au repli protectionniste américain, aux crises plus ou moins profondes qui touchent les institutions les plus emblématiques de la mondialisation – en particulier l'OMC –, la Chine apparaît comme la puissance économique qui a désormais le plus intérêt, au moins à court terme, à une poursuite de la progression des échanges. Elle y contribue d'ailleurs de manière volontariste avec le lancement de ses « Nouvelles Routes de la Soie » (NRS), censées mieux l'arrimer à l'Europe et soutenir le développement des pays situés le long de ses multiples trajets terrestres et maritimes. Le chapitre de Rigas Arvanitis et de Jean Ruffier permet de relier les développements récents de l'expansionnisme économique chinois aux enjeux politiques internes du pays, tandis que celui de Thierry Pairault donne à comprendre la manière dont les entreprises chinoises s'implantent dans les ports africains, situés ou non sur le parcours « officiel », lui-même fluctuant, des NRS.

Une autre question importante traitée par ce livre est la manière dont l'Europe est affectée par les nouvelles ambitions économiques chinoises. Le chapitre de Katya Banik fait le point sur les possibilités d'élaboration de politiques européennes cohérentes face à cet enjeu. Celui de Guilhem Fabre s'intéresse, de manière symétrique à la contribution de Thierry Pairault, au port grec du Pirée comme porte d'entrée européenne majeure pour les NRS. Enfin, celui de Xavier Richet propose de prolonger géographiquement l'analyse en étudiant les effets de la montée en puissance des intérêts chinois sur l'Europe centrale et orientale et les Balkans.

Ces contributions ont pour la plupart fait l'objet de présentations de la part de leurs auteurs lors du cycle des « Jeudis de L'Harmattan » du printemps 2018[3]. Elles en constituent le prolongement et l'actualisation. Par leur contenu et leurs conclusions, elles indiquent que la réflexion sur les nouvelles modalités de l'internationalisation des économies, bien qu'en constant renouvellement, doit encore se développer sous peine de s'interdire de comprendre des transformations de plus en plus profondes qui affectent nos sociétés aussi bien de l'intérieur que de l'extérieur.

---

[3] La rencontre qui s'est déroulée au printemps 2017 a donné lieu à la publication suivante : sous la direction de Jean-Paul Chagnollaud et Xavier Richet (2018) : *L'Europe. Approches géopolitique et économique.* Paris, L'Harmattan, Collection Questions contemporaines.

PARTIE I

LES NOUVEAUX ENJEUX DE LA MONDIALISATION

Les avatars de la mondialisation. Remarques sur quatre scénarios plausibles

Julien Vercueil*

Cette contribution a pour but d'interroger quelques interprétations récentes de la mondialisation en les confrontant à l'évolution concrète des échanges internationaux, et d'en déduire les rudiments d'une analyse à même de dégager des scénarios possibles pour son évolution future.

Pour ce faire, nous choisirons d'abord dans l'abondante littérature disponible sur le sujet un petit nombre de textes qui présentent des approches contrastées de la mondialisation économique. Les textes choisis ont la particularité d'aborder le sujet avec une intention normative : tout en développant leurs analyses, ils prennent parti « pour » ou « contre » l'intensification des échanges économiques, puis expliquent les raisons pour lesquelles la dynamique des échanges est susceptible selon eux de prendre tel ou tel cours à l'avenir.

Dans le deuxième temps de la discussion, nous avançons nos propres conceptions quant aux transformations potentielles des flux d'échanges économiques mondiaux. Ce faisant, nous ne prenons pas position en faveur de telle ou telle approche, mais nous présentons quatre scénarios

---

* Professeur d'économie à l'INALCO.

qui nous semblent avoir quelque chance de baliser le champ des possibles. Ces scénarios, que nous avons présentés dans un ouvrage précédent (Vercueil, 2010), ont des chances diverses de se réaliser. Nous présentons les principales évolutions qui devraient selon nous déboucher sur la réalisation de tel ou tel scénario, sans trancher sur les degrés de plausibilité de chacun d'eux.

1. « Mondialisation heureuse » versus « démondialisation » : au-delà d'un débat simpliste

Deux idées contradictoires ont tour à tour alimenté les débats sur l'intensification des échanges économiques internationaux dans les dernières décennies. La première est celle de « mondialisation heureuse », qui associe à toute progression dans les échanges internationaux une valeur normative positive. La deuxième est celle de « démondialisation », qui juge au contraire insoutenable l'intensification des échanges et prophétise pour cette raison l'anéantissement futur des grands ensembles fondés sur le libre-échange, en particulier l'Union européenne. Dans les deux cas, tout en étant présentes et discutées à l'échelle mondiale, ces idées ont trouvé en France un écho particulier. Nous allons d'abord les présenter avant d'en faire la critique.

1.1. La « mondialisation heureuse » et ses contestations

En 1997, Alain Minc publie en France un ouvrage intitulé *La mondialisation heureuse* qui fait l'éloge de l'abaissement des barrières aux échanges économiques (Minc, 1997). Se situant dans la longue lignée du libéralisme économique appliqué aux échanges internationaux (plus de deux cents ans d'écrits de diverses natures se sont succédé dans cette veine), cet essai reprend l'argumentaire classique en faveur du libre-échange : la division du travail est source de gains de productivité, donc de revenus et de bien-être. Elle n'a aucune raison de s'arrêter aux frontières d'un pays, surtout si celui-ci est de petite taille. Supprimer les barrières aux échanges internationaux est donc une condition nécessaire pour faciliter la progression de la productivité à l'échelle du monde, et ses effets sur les niveaux de vie – et, *in fine*, le bonheur. Les pays les plus libéraux en la matière doivent donc servir de modèles aux pays en retard, et diffuser leurs « bonnes pratiques » normatives et commerciales de manière que les bienfaits du commerce mondial se diffusent le plus largement possible, dans un processus de multilatéralisation permettant qu'« à la globalisation des échanges répond[e] une internationalisation des normes »[1].

Tout comme cet argumentaire s'était heurté dès le début du XIXe siècle à une forte opposition (dont, au milieu du siècle, celle fort célèbre de Friedrich List, nationaliste allemand penseur du « protectionnisme éducateur » (List, 1842)), les propositions de la « mondialisation heureuse » suscitent des contre-arguments. L'un des auteurs majeurs de cette confrontation est l'économiste coréen Ha Joon Chang (2002), qui affirme que compte tenu de la propension des pays les plus avancés à produire par les accords internationaux qu'ils proposent au reste du monde des obstacles majeurs au développement des pays moins industrialisés qu'eux, ces derniers ne peuvent échapper à leur sort qu'en se protégeant de ces accords qui contribuent à pérenniser leur retard. La trajectoire de développement de la Corée du Sud, qui a longtemps maintenu des protections importantes sur les importations de biens manufacturés et ne s'est ouverte largement que

[1] Minc A., « Mondialisation heureuse : je persiste et signe », *Le Monde*, 17/08/2001.

lorsque ses principales industries ont développé des avantages comparatifs leur permettant d'être compétitives sur le marché mondial, illustre cette vieille idée du « protectionnisme éducateur » chère à Friedrich List.

À l'inverse, la crise asiatique de 1997-1998 puis la crise financière issue de l'effondrement des « crédits *subprimes* » américains en 2007-2008 semblent pointer la contagion de « mauvaises pratiques » des pays avancés vers les pays émergents ou en développement, qui subissent les conséquences d'une mondialisation qui ne semble plus aussi heureuse pour tous qu'elle s'annonçait, en dépit des plaidoyers (Krugman, 1998).

1.2. De la critique de la mondialisation à la « démondialisation » : revanche du souverainisme ?

Partant de la critique de la mondialisation et de ses interprétations iréniques, des analyses se concentrent sur la possibilité théorique et la construction pratique d'une organisation alternative des échanges internationaux. Warren Bello, sociologue et activiste indonésien, popularise en 2002 le terme de « démondialisation » (Bello, 2002). Pour l'organisation « Focus on the Global South », dont W. Bello est l'une des figures éminentes, « la démondialisation n'est pas synonyme de retrait de l'économie mondiale. Elle représente un processus de restructuration du système politique et social mondial de telle sorte que ce dernier construise les capacités des économies locales et nationales au lieu de les dégrader. La démondialisation signifie pour l'économie mondiale le passage d'une économie centrée autour des besoins des firmes multinationales en une économie centrée autour des besoins des peuples, des nations et des communautés »[2].

[2] https://systemicalternatives.org/2014/08/14/notes-for-the-debate-deglobalization/ [notre traduction]

Si l'on tient compte des différences de contexte, la ressemblance entre ces arguments et ceux de Friedrich List à son époque à l'égard du libre-échange britannique et français est frappante. Cependant, deux dimensions du discours actuel en faveur de la démondialisation s'ajoutent à celles que pointait l'économiste allemand : le social et l'environnemental. L'aggravation des inégalités et la dégradation générale de l'environnement sont imputées à l'accélération des échanges, qui participent d'un processus de prédation, de destruction et de concentration des ressources qualifié par certains auteurs de « mondialisation malheureuse » (Guénolé, 2016). Selon cette perspective, le reflux de la dégradation environnementale et des inégalités sociales serait un résultat positif à attendre de la démondialisation.

Parallèlement à cette apologie de la démondialisation, des analystes prophétisent l'effondrement des échanges sous l'effet conjugué des crises, de l'aspiration des peuples et des politiques. Ainsi Jacques Sapir, en conclusion de son livre sur la démondialisation publié en 2011, affirme-t-il qu'« il n'est pas niable que les vingt ou trente prochaines années sont appelées à voir la globalisation régresser, comme se retire le flot d'une marée » (Sapir, 2011, p. 247). Dans le sillage de ces prophéties, les appels au raffermissement de la souveraineté nationale ont de plus en plus d'impact. Le message promu est qu'à l'échelle de la France, renforcer la souveraineté passe par le démantèlement de l'euro comme monnaie unique, la mise en œuvre de politiques de dévaluation compétitive et le retour des contrôles des capitaux, le déploiement de barrières tarifaires contre les importations, accompagnés d'une politique industrielle reposant sur la nationalisation ou la mise sous tutelle publique des principaux établissements financiers nationaux (Sapir, 2011, p. 252-256). Ce type de préconisations rencontre en France, mais également dans de nombreux pays européens, un écho favorable le long d'un large spectre politique, allant de l'extrême gauche à l'extrême droite.

1.3. Deux visions tronquées de la mondialisation

Qu'elles appellent à une poursuite de la mondialisation ou qu'elles s'y opposent, les deux visions que nous venons de résumer ne parviennent à capter qu'une partie du phénomène. En effet, parce qu'elles se cantonnent principalement aux questions financières et commerciales, elles ne reconnaissent pas l'un des ressorts structurants de l'évolution actuelle de la mondialisation : la circulation de l'information, dont les effets sur les comportements économiques et sociaux ne sont que très partiellement analysés par les auteurs dont il a été question jusqu'ici, quand ils ne sont pas purement et simplement ignorés par eux.

Les mutations induites par la mondialisation de l'information touchent pourtant tous les segments de la vie sociale, et presque toutes les communautés. Elles ne se traduisent certes pas par un alignement intégral des aspirations des sociétés du monde, dans leur diversité, sur les modes de vie occidentaux, mais par la possibilité pour des communautés distantes d'entrer en contact direct et, simultanément, par une généralisation progressive de la prise de conscience des inégalités de richesses, deux phénomènes qui se sont affirmés dans les deux dernières décennies à une échelle inconnue jusque-là.

L'interpénétration des représentations individuelles et collectives qui en résulte affecte les modes de vie de façon extrêmement rapide. Bien qu'il y ait des variations importantes suivant les lieux et les individus, la tendance lourde qui se dessine est celle de l'aspiration du plus grand nombre à atteindre les niveaux de vie et, au moins en partie, des modes de consommation des classes moyennes des sociétés occidentales. C'est le cas, en premier lieu, de la consommation alimentaire, ainsi que le révèlent les études menées par la FAO dans les pays en développement, qui montrent que l'urbanisation, conjointement à l'intensification des investissements étrangers et des importations dans ces pays, conduit à une transformation des modes de consommation alimentaires dont l'évolution se rapproche de ce que l'on a observé dans le passé dans les pays occidentaux (Mendez et Popkin, 2004). Il est possible d'étendre cette observation à une part importante de la dépense des ménages en observant la manière dont se transforment les modèles de consommation dans les pays émergents à mesure que les revenus réels augmentent : pour les biens semi-durables, les services, les biens durables comme pour l'investissement immobilier, la consommation des ménages du Sud tend aussi à adopter des structures proches de celles observables au Nord (Burger *et alii,* 2014, Crédit Suisse Research Institute, 2017).

Si l'on prend au sérieux ces observations, que l'on peut mieux comprendre par ailleurs en les confrontant à la théorie institutionnelle de la consommation de Thorstein Veblen (1899) et au modèle analytique de Duesenberry (1949), on ne peut ni se contenter d'incantations appelant à un approfondissement toujours plus poussé de la mondialisation, ni de prophéties annonçant *urbi et orbi* l'inéluctable effondrement des échanges. Si la forme actuelle de la mondialisation est portée non seulement par des gains de productivité mais également par des normes de consommation, les courants qui la portent ne peuvent être arrêtés, ni accélérés par un simple coup de menton.

1.4. Les évolutions observables de la mondialisation et de ses effets

Pour observer les données agrégées de l'évolution des échanges mondiaux depuis 2006, on choisit une période relativement longue – une décennie – qui traverse la crise financière internationale de 2008 et les turbulences de 2015, marquées par la forte chute des cours internationaux du pétrole et d'autres matières premières, qui expliquent une grande part de la chute des montants du commerce mondial et se sont partiellement redressés après 2016. Le résultat de ces observations est donné dans le tableau 1.

Tableau 1. Quelle démondialisation ?
Les échanges en 2016 (base 100 : 2006)

Commerce				Flux financiers	Migration de populations, 2015[a]	Transferts de revenus	Échange électronique de données, 2014
Mat. premières	Marchandises	Produits agricoles	Services				
90	125	170	166	250	127	175	3153

[a] : base 100 = 2005.

Sources : Organisation des Nations Unies, Banque mondiale, Mc Kinsey Global Institute, 2016.

Hormis le commerce de matières premières, dont la chute est imputable à la baisse des cours à partir du deuxième semestre 2015, l'ensemble des flux d'échanges internationaux rapportés ici enregistre une augmentation depuis 2006. Les augmentations les plus faibles concernent les biens manufacturés et les migrations de population, mais elles atteignent tout de même 25 % ou plus. Les services, produits agricoles et transferts internationaux de revenus présentent des augmentations plus fortes, de 66 à 75 %. Enfin, comme nous l'avons fait remarquer, l'échange d'informations a poursuivi sa croissance explosive, notamment sous sa forme électronique (multiplication par 32 des bandes passantes utilisées par les flux de données électroniques internationaux entre 2006 et 2014).

La poursuite, à un rythme varié suivant les flux observés, de l'intensification de la mondialisation, s'accompagne de la hausse du niveau moyen des revenus dans le monde : en dollars de parité de pouvoir d'achat, celui-ci est passé de 10 906 dollars en 2006 à 16 234 dollars en 2016, soit une augmentation de 49 %. Mais la croissance des richesses ne peut pas être attribuée exclusivement à celle des échanges internationaux, puisque le lien de causalité entre production et commerce est à double sens. De plus, cette croissance produit de l'instabilité, comme en témoignent les variations des prix des actifs immobiliers, financiers et des matières premières – elles-mêmes hautement financiarisées – sur la période 2006-2016.

Enfin, l'effet de creusement des inégalités de revenus produit par l'intensification des échanges, à l'échelle de la planète comme au sein des économies nationales, est pointé par une partie importante de la littérature économique et supporté par des arguments théoriques solides, mais la mesure de cet effet est difficile à réaliser, étant donné l'impact des mesures correctrices que les États et les collectivités peuvent mettre en œuvre à leurs niveaux pour réduire les inégalités de revenus primaires. Ainsi, si l'on calcule une moyenne non pondérée des indices de Gini de 66 pays pour lesquels les données sont disponibles autour des années 2006 et 2016, on observe qu'entre ces deux dates, cette moyenne est en légère régression, l'indice passant de 0,374 en 2006 à 0,36 en 2016[3]. Cette

---

[3] Calculs de l'auteur sur la base des données de la Banque mondiale, 2018.

observation ne saurait conduire à minorer le problème des inégalités mondiales, qui restent criantes comme l'indiquent les données rassemblées par le rapport mondial sur les inégalités 2018 (Alvarez *et alii,* 2018). Les conséquences d'un haut niveau d'inégalités, combiné à une plus forte prise de conscience de ce niveau par des populations ayant désormais davantage accès à l'information, ne sont pas négligeables en termes sociopolitiques. De notre point de vue, elles contribuent à expliquer le rejet croissant au sein des opinions publiques de l'idée même de mondialisation, ceci alors que la diffusion internationale des normes de consommation occidentales et les aspirations qu'elle traduit semblent au contraire aller dans le sens d'une prolongation des tendances passées. De ces contradictions peuvent naître des crises difficilement gérables par les systèmes politiques nationaux.

2. En lieu et place des prophéties de quelques scénarios pour la mondialisation à venir

Dans un travail s'appuyant sur l'étude des rapports entre les économies émergentes et les économies industrialisées (Vercueil, 2010), nous avons esquissé quatre scénarios plausibles pour la structuration future de la gouvernance économique mondiale. En dépit de leur caractère alors exploratoire et largement hypothétique, ces quatre scénarios nous semblent encore aujourd'hui constituer aujourd'hui une base de réflexion pour l'étude de ce sujet.

2.1. « Prolongations » – le scénario de référence

Dans le scénario « prolongations », qui reprend certains des arguments des thuriféraires de la « mondialisation heureuse », les contradictions dont nous avons fait état précédemment sont ignorées. On se contente de prolonger les tendances observées durant les vingt dernières années. Les seules variables considérées comme significatives pour ce scénario sont l'évolution des PIB et celle sur le marché des matières premières, à propos duquel est faite l'hypothèse héroïque de stabilité (des rapports offre/demande et des prix internationaux). Dans ce contexte, malgré une relative instabilité des changes, malgré le maintien du chômage de masse dans de nombreux pays, de la précarité sociale et du niveau actuel des inégalités, malgré l'accroissement des tensions sur les finances publiques d'un nombre important de pays du Sud comme du Nord, la croissance mondiale continue d'afficher un rythme moyen supérieur à celui des années 1970-1980, essentiellement du fait du dynamisme des émergents, qui continuent de bénéficier d'une demande mondiale dynamique pour leurs produits, et répondent à cette demande en obtenant des gains de productivité significatifs.

En conséquence, les équilibres économiques mondiaux continuent de se transformer : l'économie chinoise dépasse celle des États-Unis au début des années 2020, tandis que l'Inde, le Brésil et la Russie rejoignent les rangs des dix plus grandes puissances mondiales, l'Inde dépassant le Japon à l'horizon de 2030. En 2035, les quatre premières puissances économiques et commerciales du monde sont la Chine, l'Union européenne, les États-Unis et l'Inde. Le rattrapage des niveaux de vie occidentaux par les émergents est moins rapide, mais il se poursuit : le seuil des 20 000 $ de revenu national par habitant en parités de pouvoir d'achat (soit la moitié du niveau français) est atteint avant 2020 par la Russie, peu après 2020 par la Chine, en 2030 par le Brésil et l'Afrique du Sud. En 2035, l'Inde en est encore loin.

2.2. « Déflagrations »

Des questions évidentes pèsent sur le réalisme du scénario précédent. Les évolutions récentes de l'économie mondiale, tant en termes de déséquilibres macroéconomiques globaux, qu'en termes de trajectoires sociales et sociopolitiques de certains acteurs clés de la gouvernance économique mondiale, ou en termes de pression environnementale, sont telles que la simple prolongation des tendances passées, si elle peut être utilisée comme base de référence pour la réflexion, est aujourd'hui largement dépassée par les réalités. Pour l'analyste, la tentation symétrique pourrait être de construire un scénario prolongeant au contraire les tendances à la décoordination que l'on observe depuis 2007-2008. Ces tendances alimentent à la fois les analyses en termes de démondialisation que l'on a évoquées précédemment, l'opposition d'une part croissante des populations aux évolutions en cours et l'inquiétude des tenants d'une « mondialisation heureuse ». Elles pourraient donc déboucher sur un « scénario du pire », dans lequel les crises se combinent et se répondent en une série de déflagrations économiques, politiques, sociales et environnementales sans précédent à l'échelle de la planète.

Le point de départ que nous avions choisi en 2010 était celui des tensions sino-américaines. Sur ce terrain, l'actualité de 2018 fait singulièrement écho à ce parti pris, avec l'escalade des mesures de rétorsion tarifaire qui se développe entre les deux pays, cantonnée toutefois aux importations de certains groupes de produits. Les effets sur les flux bilatéraux sont d'ores et déjà significatifs, avec une baisse sensible des exportations concernées. Une dimension monétaire pourrait s'ajouter à ces crispations, qui aurait des conséquences autrement plus larges sur les relations commerciales entre les deux puissances, mais également sur leurs relations avec le reste du monde. Dans le scénario « déflagrations », les perturbations monétaires provoquées par de telles mesures iraient jusqu'à déstabiliser les systèmes financiers concernés et, par effet de contagion sur les demandes domestiques, se propageraient aux prix mondiaux des matières premières, plongeant les pays producteurs, à leur tour, dans la crise économique.

Les conséquences sociales et politiques de ces chocs économiques et financiers pourraient déclencher des troubles sociaux de grande ampleur, qui dans des pays aux régimes politiques autoritaires peuvent prendre une tournure proche de celle du « printemps arabe » en 2010-2011. Dans les pays européens, outre l'aggravation de l'instabilité politique, l'un des effets d'une nouvelle crise financière pourrait être le retour de la crise des dettes souveraines, qui si elle était mal gérée par les bailleurs de fonds, pourrait déboucher sur des défauts de paiement souverains et la fin de l'euro, approfondissant la fragmentation des systèmes monétaires et financiers et sapant la confiance entre les agents.

Dans un contexte dégradé, les forces favorables à la coopération dans les relations internationales deviennent de plus en plus faibles en comparaison des tensions à contenir. La résurgence des nationalismes accompagne le repli protectionniste et la guerre des monnaies, les tensions politiques et économiques pouvant déboucher sur des conflits armés. Pour un tel scénario, la période historique de référence est celle des années 1930 en Europe. Cette période marque en effet une cassure profonde dans l'histoire mondiale, sans qu'aucun des grands problèmes légués par le passé – et notamment les déséquilibres légués par la vague de libéralisation de l'économie et des échanges du XIXe siècle – n'y ait trouvé de solution (Polanyi, 1944).

2.3. « Régulations »

Les dangers du scénario « déflagrations » sont tels qu'on peut imaginer qu'un compromis émerge à l'échelle internationale, qui s'accorde sur des mécanismes de coopération à même d'empêcher sa réalisation. L'objectif de ces coopérations serait de réguler les tensions avant qu'elles ne débouchent sur des crises majeures. Parmi ces coopérations, le scénario « régulations » évoque la réforme de deux institutions majeures de la gouvernance mondiale, le FMI et l'OMC, dans un sens qui à la fois donne davantage de pouvoir formel aux puissances émergentes et permette de progresser vers une plus ferme réglementation financière, monétaire et commerciale des flux d'échanges mondiaux.

Les voies possibles de ces nouvelles régulations internationales sont nombreuses : environnementale – avec un principe du pollueur-payeur appliqué de manière plus homogène entre les pays, qui dissuade les productions et les échanges les plus polluants et encourage le développement des activités orientées vers la réparation des dommages environnementaux, – sociale – avec une coordination internationale des législations du travail et des systèmes de protection sociale et une lutte internationalisée contre l'évasion fiscale, – monétaire et financière – avec la mise en place d'une taxation internationale des flux financiers de court terme, la progression vers l'établissement d'une monnaie internationale *sui generis* et une concertation dans la régulation des marchés de capitaux.

En fonction de la profondeur des changements précités, les flux internationaux d'échanges sont susceptibles d'être modifiés plus ou moins fortement. Les coûts relatifs de transport pourraient augmenter, réorientant les échanges vers les services tout en produisant des effets de relocalisation des productions manufacturières. Les efforts de redistribution s'opérant désormais à l'échelle internationale en plus de l'échelle nationale ou locale, les revenus relatifs évolueraient différemment et les inégalités pourraient être limitées, voire diminuées. La croissance économique qui résulterait de ces transformations serait plus faible qu'auparavant, mais plus stable, mieux répartie et plus durable.

2.4. « Régionalisations »

L'hypothèse centrale de ce quatrième scénario est celle d'une restructuration de l'ordre productif, commercial et monétaire mondial autour de pôles macro-régionaux. Intermédiaire entre le scénario « déflagrations » et le scénario « régulations », il admet l'hypothèse que les tendances à la confrontation vont perdurer, mais lui adjoint celle que les forces favorables à la coopération internationale continueront de s'opposer à elles. La résultante de ces dynamiques contradictoires est la progression de la coopération internationale à l'échelle régionale, sans que celle-ci puisse être envisagée comme une étape vers une harmonisation globale des modes de gestion de la mondialisation.

La viabilité de ces blocs régionaux serait permise par l'existence d'au moins une puissance économique régionale en leur sein, capable de garantir la crédibilité d'une monnaie d'échange régionale, d'orienter la division internationale du travail dans la région et de proposer des innovations technologiques et institutionnelles capables de faire face aux enjeux du temps. Il s'agit donc d'une économie nationale conjuguant de fortes capacités industrielles, des ressources énergétiques et une population éduquée et capable d'innovations sociales, organisationnelles et technologiques. Autour de ce pôle organisateur, les autres nations s'agrégeraient dans la mesure où les gains de la coopération régionale seraient plus directement sensibles à leur échelle que ceux émanant d'un investissement de long terme dans la gouvernance mondiale. Ainsi, le pouvoir d'attraction des pôles régionaux s'étendrait, ou s'amenuiserait en fonction des résultats de la coopération régionale et, éventuellement, de la capacité de coercition de l'économie dominante en cas de défection d'un des membres du groupe.

Au moins l'un de ces pôles régionaux serait situé en Asie. Dans cette région, la seule puissance susceptible d'agréger les coopérations autour d'elle à une échelle macro-régionale est la Chine, mais l'ampleur géoéconomique du pôle qu'elle dominerait reste aujourd'hui bien incertaine. En effet, les rôles respectifs de la Corée du Sud et surtout du Japon, deux puissances commerciales concurrentes et, dans une certaine mesure, complémentaires de la Chine, restent à définir, le Japon pouvant perturber la stabilité de cet ensemble régional. En outre, ce scénario suppose une internationalisation accrue du yuan qui serait porteuse d'instabilités potentielles pour l'économie chinoise. Les autres pôles régionaux potentiels de ce scénario seraient l'Europe, éventuellement étendue à l'ensemble du bassin méditerranéen, l'Amérique latine et l'Amérique du Nord, l'Afrique subsaharienne, l'Asie du Sud.

Cette description du scénario « régionalisation » laisse ouvertes un certain nombre de questions, en particulier celle de la manière de traiter les problèmes économiques, sociaux et environnementaux qui dépassent le périmètre des pôles, et corrélativement celle des relations entre les pôles régionaux, dont on devine qu'elles seraient au mieux limitées, au pire conflictuelles. Pour ces raisons, ce scénario nous paraît décrire une situation relativement instable, qui peut évoluer rapidement vers l'un ou l'autre des scénarios précédents : « régulations » ou « déflagrations ».

Conclusion

D'autres scénarios pourraient être ajoutés à cette liste. Les coalitions internationales peuvent dépasser le cadre régional et les regroupements utiliser d'autres bases que la proximité géographique, ce, d'autant plus aisément que les relations économiques intègrent davantage d'éléments dématérialisés – financiers, informationnels, juridiques et institutionnels notamment. Le point central de cette contribution n'est pas tant de discuter de la plausibilité comparée des scénarios proposés que de montrer que l'alternative « mondialisation heureuse »/« démondialisation » appauvrit l'analyse des développements contemporains des échanges, et limite la réflexion sur la complexité des processus en jeu. Le raisonnement en termes de scénarios nous paraît beaucoup plus riche, à condition qu'il s'appuie sur une description d'évolutions empiriquement mesurables, et non pas sur des prophéties où l'idéologie le dispute à l'arbitraire.

Bibliographie

Alvarez F., Chancel L., Piketty T., Saez E., Zucman G. (2018): *World Inequality Report 2018*. WID.World [en ligne] consultable sur https://wir2018.wid.world/ [dernière consultation 01/10/2018].

Bello W. (2002): *Deglobalization: Ideas for a new world economy*. New York: ZED Books, 2002.

Burger R., Louw M., De Oliveira B., Van der Berg P., Van der Berg S. (2014): "Understanding consumption patterns of the established and emerging South African black middle class", *Stellenbosch Economic Working Paper 14*, 2014.

Chang H.-J. (2002): *Kicking away the ladder. Development Strategy in Historical Perspective.* London: Anthem Press, 2002.

Crédit Suisse Research Institute (2017): *Emerging Consumer Survey 2017*. Zurich : Crédit Suisse AG, 2017.

Duesenberry J. S. (1949): *Income, Saving and the Theory of Consumption Behavior*. Cambridge (Mass.): Harvard University Press, 1949.

List F. (1842 : 1998): *Système national d'économie politique*. Paris : Tel, 1998 (1re édition allemande, 1842)

Guénolé, T. (2016) : *La mondialisation malheureuse. Inégalités – Pillages – Oligarchie*. Paris : First Éditions, 2016.

Krugman P. (1998) : *La mondialisation n'est pas coupable. Vertus et limites du libre-échange*. Paris : La découverte, 1998.

Mendez M., Popkin B. (2004) : "Globalization, urbanization and nutritional change in the developing world", in *Globalization of Food Systems in Developing Countries: Impact on Food Security and Nutrition, FAO Food and Nutrition Paper*, n° 83, 2004, p. 55-80.

Minc, A. (1997) : *La mondialisation heureuse*. Paris : Plon, 1997.

Polanyi K. (1944 : 1983) : *La grande transformation. Aux origines politiques et économiques de notre temps*. Paris : Gallimard, 1983 (1re édition 1944).

Sapir J. (2011) : *La démondialisation*. Paris : Le Seuil, 2010.

Veblen T. (1899 : 1970) : *La théorie de la classe de loisirs*. Paris : Gallimard, coll. Tel (1re édition 1916)

Vercueil, J. (2010 : 2015) : *Les pays émergents. Brésil – Russie – Inde – Chine... Mutations économiques, crises et nouveaux défis*. Paris : Bréal, 2015 (1re édition 2010).

Le réchauffement climatique

Jean-Paul Maréchal[*]

Dans un ouvrage paru au seuil des années 2000, Pierre Bauchet pose une distinction de nature et non de degré entre globalisation et mondialisation. Il introduit son propos en rappelant que « la “densification” de l'humanité qui rapproche les hommes dans l'espace terrestre a suscité des mouvements d'opinion qui dénoncent les aspects néfastes des transformations du monde contemporain et appellent à une condamnation systématique de ce qu'ils appellent la “globalisation”. À l'opposé, un courant de pensée idéalise quelque peu ces transformations qui lui semblent heureuses et inévitables[1] ». Les uns et les autres, poursuit l'auteur, confondent deux aspects du monde contemporain : sa « globalisation » et sa « mondialisation ». Pour Pierre Bauchet, la globalisation « est la prise en masse à l'échelle planétaire de réalités qui ne peuvent plus être envisagées que dans leur totalité » tandis que la mondialisation désigne « la multiplication des relations volontaires et organisées entre les agents de l'économie[2] ». Si ces deux phénomènes sont engendrés par la densification de

---

[*] Maître de conférences en économie à l'Université Paris-Sud.

[1] Pierre Bauchet, *Concentration des multinationales et mutation des pouvoirs de l'État*, Paris, CNRS Éditions, 2003, p. 7.

[2] *Idem*, p. 7.

l'humanité, elles n'en sont pas pour autant de même nature, « contrairement à la globalisation, la mondialisation des relations sur la planète peut et doit être réglementée[3] ».

Naturellement, globalisation et mondialisation constituent deux phénomènes étroitement reliés. La globalisation engendre en effet la nécessité d'une réglementation de la mondialisation dans la mesure où cette dernière peut contribuer à façonner certains aspects de la globalisation. En d'autres termes, la forme que revêt la globalisation (le fait que certains problèmes se posent à l'échelle planétaire) résulte plus ou moins largement des modalités de la mondialisation (par exemple, les risques systémiques engendrés par la libéralisation des flux financiers). Pierre Bauchet prend l'exemple des transports pour illustrer ce bouclage. « La multiplication des réseaux de transport se heurte, explique-t-il, aux limites des espaces terrestres et aériens et à l'acceptabilité par les populations des contraintes qu'ils entraînent. Il faut [...] respecter des normes de pollution et de bruit pour limiter les nuisances du transport[4]. » Le cas du changement climatique illustre à la perfection la nécessité, d'une part, de distinguer analytiquement la réalité d'un phénomène des réponses institutionnelles qui lui sont apportées et, d'autre part, de penser les interactions entre ces deux réalités. S'il est en effet impossible d'empêcher une tonne de GES (gaz à effet de serre) émise en France de contribuer à modifier le climat mondial donc, par exemple, à accroître les épisodes de sécheresse en Californie (c'est la globalisation), il est en revanche possible de concevoir des réponses politiques impliquant les acteurs publics et privés visant à réduire des émissions de GES qui résultent de l'expansion de la sphère économique mondiale (c'est la mondialisation).

[3] *Idem*, p. 8.
[4] *Idem*, p. 8.

Dans le même temps, la forme que prend la mondialisation (acceptation ou refus d'accords de réduction) a un impact sur cet aspect précis de la globalisation qu'est le changement climatique. La « limite des espaces terrestres et aériens » dont parle Pierre Bauchet à propos des activités de transport peut être remplacée, dans le domaine qui nous intéresse, par la limite de la capacité d'absorption du CO_2 par les « puits de carbone »[5].

L'objet de ce chapitre est d'analyser la réponse qui a été apportée au niveau international au défi posé par le changement climatique. Cette réponse a pris la forme d'un « régime climatique » composé de trois textes adoptés sous l'égide des Nations Unies. Deux étapes baliseront notre parcours. Dans la première, on examinera comment ce régime climatique a évolué au cours du temps, plus précisément comment l'on est passé de l'« ancien » régime climatique composé de la Convention-cadre des Nations unies sur les changements climatiques (CCNUCC) et du Protocole de Kyoto au « nouveau » régime climatique où à ces deux textes est venu s'ajouter l'Accord de Paris. Dans la deuxième, on s'interrogera sur la nature de l'Accord de Paris et sur son devenir à la suite de la défection américaine. Compte tenu de l'importance de leur « contribution » au changement climatique en cours, on insistera particulièrement sur le rôle de la Chine et des États-Unis qui représentent respectivement 28 % et 15 % des 32 Gt (gigatonnes ou milliards de tonnes) de CO_2 rejetés annuellement[6]. Cela nous permettra de mettre en évidence que si en matière climatique la mondialisation

---

[5] Voir Jean-Paul Maréchal, « Négociations climatiques : quels indicateurs pour quelle éthique ? », *Négociations*, n° 24, 2/2015, p. 25-38.

[6] Chiffres pour l'année 2015. Source IEA, *CO_2 Emissions From Fuel Combustion. 2017*, International Energy Agency, Paris, 2017.

est « contrariée », elle est néanmoins bien moins décevante que dans de nombreux autres domaines.

1. Les métamorphoses du régime climatique international

1.1. Un « ancien » régime climatique...

Adoptée lors du Sommet de la Terre de Rio en 1992, la CCNUCC entre en application en mars 1994. Elle se fixe comme objectif ultime de stabiliser les concentrations de GES à un niveau tel qu'aucune perturbation dangereuse du climat ne soit à redouter (art. 2). Les parties à la Convention, « tenant compte de leurs responsabilités communes mais différenciées » (art. 4), s'engagent – en particulier les pays classés dans l'« Annexe 1 » (les pays industrialisés)[7] – à mettre en œuvre un certain nombre de mesures (en fait non contraignantes) pour parvenir à ce résultat.

Le Protocole de Kyoto, adopté lors de la COP3[8] tenue en 1997 dans l'ancienne capitale du Japon, est entré en vigueur en 2005. Il oblige(ait) les pays industrialisés (dont la liste figure dans son Annexe B) l'ayant ratifié à réduire pour 2012 leurs émissions de GES d'un peu plus de 5 % par rapport à leurs niveaux d'émissions de 1990.

---

[7] L'Annexe 1 regroupe les pays industrialisés plus les pays en transition tels que la Fédération de Russie. Les pays « non-Annexe 1 » sont des pays en développement. L'Annexe B du Protocole de Kyoto regroupe les pays de l'Annexe 1 qui sont tenus à des engagements chiffrés de limitation ou de réduction des émissions de gaz à effet de serre. Dans la pratique, même s'il existe quelques différences, on se contente généralement de faire référence à l'Annexe 1.

[8] Chaque année, les pays ayant ratifié la CCNUCC tiennent une conférence appelée « Conférence des Parties » (COP). La première COP a eu lieu à Berlin en 1995, la deuxième à Genève en 1996, la 15e à Copenhague en 2009, la 21e à Paris en 2015, la 22e à Marrakech en 2016, la 23e à Bonn en 207 et la 24e à Katowice en 2018.

Les négociations qui se déroulèrent à l'occasion de l'élaboration puis de la mise en œuvre du Protocole de Kyoto furent longues et souvent tendues en raison notamment de la position américaine. En effet, en 1997, la résolution Byrd-Hagel – adoptée par le Sénat américain par 95 voix contre zéro ![9] – avait mis deux conditions à la ratification par les États-Unis du Protocole de Kyoto : d'une part que cela ne cause pas de dommages significatifs à l'économie américaine et, d'autre part, que soit rejeté tout accord qui fixerait des objectifs de réduction d'émissions pour les pays développés et qui en dispenserait les « PED ». Par « PED », il fallait naturellement entendre « République populaire de Chine ». On connaît la suite. Quatre ans plus tard, le 29 mars 2001, le président Bush (Jr) annonçait le retrait des États-Unis du Protocole, notamment au motif qu'il exemptait la Chine de toute obligation de réduction. Or, il convient de rappeler qu'en 1990, les rejets de CO_2 chinois représentaient la moitié des rejets américains : 2,5 contre 5 Gt. En 2000, ces chiffres étaient passés à 3,6 Gt pour la Chine et 5,9 pour les États-Unis. Aujourd'hui, l'empire du Milieu émet presque deux fois plus de CO_2 que les États-Unis : 9 Gt contre 5 Gt.

L'une des caractéristiques de l'ancien régime climatique fut donc que les deux premiers pollueurs de la planète échappèrent aux objectifs de réduction imposés par le Protocole de Kyoto : les États-Unis parce qu'ils avaient refusé de le ratifier – puisque figurant sur l'Annexe 1 – et la Chine qui, n'étant pas un « pays Annexe 1 », l'avait bien évidemment ratifié, une telle décision lui ouvrant notamment la possibilité de bénéficier, grâce au Mécanisme de

[9] François Gemenne (entretien), « La question du changement climatique n'est pas (seulement) un problème d'environnement », *Diplomatie, Les Grands dossiers n° 30*, décembre 2015-janvier 2016, p. 12.

développement propre[10], de certains avantages réservés aux pays en développement.

Cette situation constitua un véritable dilemme du prisonnier qui bloqua tout progrès notable au cours des années qui suivirent.

1.2. … difficile à faire progresser

Mais le Protocole arrivant à échéance en 2012[11], il a fallu assez rapidement songer à l'élaboration du dispositif qui allait lui succéder. Or, la difficulté particulière de cet exercice résidait dans le fait qu'il fallait (essayer de) passer d'un système (CCNUCC plus Protocole de Kyoto) conçu au cours des années 1990 pour régler une situation largement créée par les pays occidentaux, à un nouveau régime intégrant les pays émergents – voire émergés comme la Chine – qui allaient être la cause principale de l'aggravation de la situation. Les chiffres fournis dans le Tableau 1 donnent une idée précise de l'ampleur de ce défi.

Tableau 1. Émissions totales de GES (en $GtCO_2eq$)

Groupe	1970	2005	2050
OCDE	13,7 (57,3 %)	18,7 (39,9 %)	23,5 (32,9 %)
BRIC	5,9 (24,7 %)	16,1 (34,3 %)	26,2 (36,7 %)
Reste du monde	4,3 (18,0 %)	12,1 (25,8 %)	21,7 (30,4 %)
Total	23,9	46,9	71,4

Source : OECD, *OECD Environmental Outlook to 2030*, Paris, OECD, 2008, p. 25.

---

[10] Le Mécanisme de développement propre (MDP) est un mécanisme grâce auquel la mise en œuvre d'un projet de réduction de GES d'un pays du Nord dans un pays du Sud engendre des crédits d'émissions qui peuvent être utilisés par le pays industrialisé pour compenser ses propres émissions. La Chine est l'un des principaux bénéficiaires du MDP.

[11] Il a en fait été prolongé jusqu'en 2020 lors de la COP18 de Doha en 2012.

Ce fut la mission de la COP13 qui se tint à Bali en 2007. On y adopta un « plan d'action » – également nommé « feuille de route de Bali » – qui fixait comme objectif aux participants de parvenir « d'un commun accord » lors de la COP15 de Copenhague en 2009, à un « résultat et d'adopter une décision » articulant une « vision commune », un volet « atténuation » et un volet « adaptation ». On sait ce qu'il advint deux ans plus tard dans la capitale danoise, même si la COP15 ne fut pas le désastre absolu que certains se sont plu à décrire[12].

En fait, si les négociations ont progressé si lentement c'est notamment en raison de l'opposition entre la Chine et les États-Unis sur les niveaux d'effort respectifs que l'un et l'autre estimaient devoir être prêts à consentir. D'une certaine façon, le cœur du problème résidait (et réside d'ailleurs toujours, mais dans une moindre mesure, même après l'Accord de Paris) dans l'interprétation de l'expression « responsabilités communes mais différenciées » qui est au cœur de la CCNUCC. Dans la préparation de ce nouveau régime climatique qu'on baptisait alors « post-Kyoto », les États-Unis insistaient sur le volume des émissions chinoises présentes et à venir tandis que la Chine mettait l'accent sur la responsabilité historique des pays riches, et en particulier des États-Unis, dans le dérèglement actuel du climat. Non sans raison d'ailleurs puisque les États-Unis représentent 30 % des émissions cumulées de CO_2 entre 1900 et 2004, contre seulement 9 % pour la Chine[13].

Les choses commencent à évoluer favorablement lors de la COP17 qui se tient à Durban en 2011 puisque, pour

---

[12] Jean-Paul Maréchal, *Chine/USA. Le climat en jeu*, Paris, Choiseul, 2011, p. 55-59.

[13] OCDE, *Économie de la lutte contre le changement climatique. Politiques et options pour une action globale au-delà de 2012*, Paris, Éditions OCDE, p. 222.

la première fois dans l'histoire des négociations climatiques, tous les grands pays émetteurs de GES – Chine et États-Unis inclus – acceptent de s'inscrire dans un projet global de réduction des émissions, celui-ci devant être élaboré en 2015 et entrer en application en 2020. Ce résultat doit beaucoup à l'Union européenne, cette dernière conditionnant la prolongation de son engagement dans le Protocole de Kyoto à l'adoption par les autres pays de sa « feuille de route » dont l'accord de Durban est une version édulcorée[14].

Trois ans plus tard, en novembre 2014, à Pékin les présidents XI Jinping et Barack Obama font une déclaration conjointe concernant la lutte contre le changement climatique. Le Président chinois indique notamment que la Chine a l'intention de parvenir à son pic d'émissions de CO_2 autour de 2030 et de faire tous les efforts possibles pour l'atteindre avant. Quant au président américain, il proclame que les États-Unis vont réduire d'ici 2025 leurs émissions de 25 à 28 % par rapport à leur niveau de 2005 et faire le maximum pour parvenir à 28 %.

Un an plus tard, en décembre 2015, l'Accord de Paris est adopté. Les engagements chinois et américains, formalisés dans leurs Contributions nationales (ou INDC pour *Intended Nationally Determined Contributions*), reprennent ceux annoncés en novembre de l'année précédente (Tableau 2).

[14] Lors de la COP17 à Durban, le Protocole de Kyoto fut prolongé de trois à cinq ans à compter de 2012, ce qui porte son échéance au maximum en 2017. C'est lors de la COP suivante à Doha en 2012 qu'il fut décidé de le prolonger jusqu'en 2020.

Tableau 2. INDC américaine et chinoise (Accord de Paris)

États-Unis	Réduction de 26 à 28 % des émissions de GES pour 2030 par rapport à 2005.
Chine	La Chine prévoit un pic d'émission de CO_2 au plus tard en 2030 et une réduction de 60 à 65 % de son intensité carbone (CO_2 par unité de PIB) d'ici 2030 par rapport à 2005.

Source : http://www4.unfccc.int/submissions/indc/Submission%20 Pages/submissions.aspx

Au-delà de ces données factuelles sur les engagements chinois et américains et de la chronologie que nous avons présentée, il convient désormais de s'interroger sur les facteurs qui ont permis de parvenir à l'Accord de Paris et sur son avenir possible compte tenu du contexte créé par la défection américaine de juin 2017 et le renforcement, du moins apparent, de l'engagement chinois.

2. L'Accord de Paris, et après ?

2.1. Un accord souple…

Après les déboires de la COP15, il était devenu évident que la seule façon d'atteindre un accord mondial était de changer de méthode de négociation. C'est ainsi que les responsables de la préparation de la conférence de Paris décidèrent de renoncer à la méthode « descendante » – « partir » du climat pour décliner les objectifs pays par pays – au profit d'une méthode « ascendante » qui consiste à faire fond sur les engagements volontaires des parties à la Convention. Plutôt que de tenter d'imposer des objectifs de réduction d'émissions de GES à des pays qui n'en veulent pas – comme cela aurait dû être le cas dans la perspective initiale d'une généralisation de la logique et de l'architecture du Protocole de Kyoto – l'Accord de Paris laisse chaque pays décider pour lui-même de ce qu'il pense pouvoir réaliser en matière de lutte contre le changement climatique (réductions des émissions, mesures d'adaptation...). Cet engagement est formalisé dans des INDC dont nous avons donné deux exemples plus haut (Tableau 1). L'Accord de Paris recèle en effet des engagements de nature et d'ampleur variées en ce qui concerne les années de référence, les pourcentages de réduction d'émissions attendus, les délais de réalisation ou encore la nature des indicateurs retenus.

Ainsi, certains pays n'ont pas indiqué d'année de référence mais seulement une année butoir. La Chine, comme on l'a vu, s'est engagée à plafonner ses émissions de CO_2 au plus tard en 2030, sans préciser à quel niveau pourrait se situer ce pic d'émissions.

Les indicateurs retenus dans le cadre des engagements nationaux sont également divers. On trouve ainsi des indicateurs de quantité qui portent sur les volumes rejetés de GES. C'est, par exemple, le cas de l'Union européenne qui s'est engagée à réduire de 40 % ses rejets de GES d'ici 2030 par rapport à leur niveau de 1990. Mais certains pays ont préféré retenir des indicateurs d'intensité. Ceux-ci portent, par exemple, sur l'intensité en carbone de la croissance (la quantité émise de CO_2 par unité de PIB), l'intensité énergétique de l'économie (la quantité d'énergie nécessaire pour produire une unité monétaire de PIB) ou encore l'intensité en carbone de l'énergie (rejets de CO_2 par unité d'énergie produite). C'est encore le cas de la Chine avec son objectif de réduction de son intensité carbone (tableau 2).

Et puis, certains pays n'ont rien mentionné du tout, que ce soit en termes d'année, de pourcentage ou de type d'indicateur. Un passage du préambule de l'INDC de l'Arabie saoudite mérite, à ce titre, d'être cité *in extenso* : « Le Royaume s'engagera dans des actions et des plans visant à une diversification de l'économie ayant des cobénéfices en termes d'évitement d'émissions de GES et d'adaptation aux impacts du changement climatique [...]. Cela aidera le Royaume à réaliser ses objectifs de développement durable. Dans cet esprit, le Royaume d'Arabie saoudite désire contribuer activement aux négociations dans le cadre de la CCNUCC de façon à maximiser les bénéfices à long terme pour l'Arabie saoudite et minimiser les effets secondaires négatifs potentiels ».

2.2. ... attractif pour la Chine...

C'est sans doute cette absence de contraintes fortes qui explique que l'Accord de Paris a été adopté par 195 pays le dernier jour de la COP21 (le 12 décembre 2015).

Un tel accord laissant chaque pays libre de son niveau d'engagement ne pouvait qu'avoir les faveurs de Pékin qui, après des années de refus, s'est finalement engagé dans la lutte contre le réchauffement climatique au point de vouloir désormais se positionner comme leader dans ce domaine. L'examen de ce revirement est particulièrement révélateur de l'efficacité de la démarche adoptée lors de la préparation de la COP15 mais également de la force des interactions entre politique nationale et politique internationale.

En fait, la véritable prise de conscience de l'importance de la « question environnementale » par les autorités chinoises va s'opérer au cours des années 2000 sous l'effet de la multiplication des phénomènes de pollution et du mécontentement que ces derniers entraînent au sein de la population (voir plus bas). Un des moments les plus marquants de cette évolution a lieu en 2006 lorsque Hu JINTAO appelle à l'édification d'une « société d'harmonie », à savoir un mode de développement qui prendrait en compte la question des inégalités sociales et des atteintes à l'environnement. Cette priorité, affichée avant le XVIIe congrès du PCC – qui se tiendra en 2007 et confirmera Hu JINTAO pour un second mandat à la tête du pays –, sera finalement inscrite dans la constitution du Parti sous l'appellation de « développement scientifique ». L'environnement continue néanmoins de se dégrader et c'est notamment sous l'effet de la multiplication des pics de pollution dans les grandes villes que l'équipe dirigeante, arrivée au pouvoir en 2012 lors du XVIIIe congrès, va lancer une série d'initiatives ambitieuses[15].

C'est ainsi que la Commission nationale pour le développement et la réforme publie son premier plan national pour le changement climatique. L'année suivante, un plan d'action de contrôle et de prévention de la pollution de l'air est adopté. En 2015, la loi (nationale) sur l'environnement datant de 1979, et déjà revue en 1989, se voit de nouveau révisée en profondeur. Par ailleurs, les trois derniers plans quinquennaux (l'actuel est le 13e et couvre la période 2016-2020) contiennent des objectifs environnementaux de plus en plus contraignants. L'électrification du parc automobile, le lancement d'un marché du carbone qui concernera, à partir de 2020, 1 700 centrales électriques émettant 3,3 milliards de tonnes de CO_2, témoignent de la détermination du gouvernement chinois en matière d'environnement.

Cette prise de conscience environnementale va également se traduire par un changement radical de l'attitude chinoise dans les négociations climatiques internationales. Quatre raisons, au moins, permettent d'expliquer un tel revirement.

D'une part, l'Accord de Paris repose, comme on l'a vu, sur les engagements volontaires des pays signataires. En d'autres termes, les engagements chinois ont été fixés par Pékin et nullement imposés de l'extérieur. D'autre part,

---

[15] Jean-François Huchet, *La crise environnementale chinoise*, Paris, Presses de Sciences Po, 2016, p. 105-109.

compte tenu de l'évolution de l'économie chinoise vers une économie de services (ces derniers étant passés de 40 % à 50 % du PIB entre 2008 et 2015) et du progrès technique qui conduit naturellement à une amélioration de l'efficience énergétique – et donc de l'intensité carbone de l'économie –, tout porte à croire que les promesses chinoises faites à Paris seront tenues. À cela s'ajoutent les effets néfastes de la pollution de l'air – l'« airpocalypse » – joints au danger que le réchauffement climatique fait courir à la Chine, les opportunités liées aux technologies vertes et, enfin, la volonté d'améliorer l'image du pays sur la scène internationale.

Le néologisme « airpocalypse » a été forgé au cours des années 2000 pour désigner les niveaux de pollution record constatés dans les grandes villes chinoises. Les chiffres se passent de commentaires. Une étude parue en 2015 – fondée sur des mesures chinoises – fournit le chiffre effarant de 1,6 million de morts prématurés par an dus à la pollution de l'air, soit 17 % des décès comptabilisés en Chine. 83 % des Chinois sont exposés à des niveaux de pollution de l'air considérés, aux États-Unis, comme dangereux pour la santé, ou dangereux pour des personnes fragiles[16]. Au-delà du mécontentement social qu'un tel niveau de pollution engendre, le gouvernement chinois a également pris conscience des risques que fait peser l'élévation des températures sur le pays : mise en danger des villes côtières (Shanghai, Hong Kong…), aggravation des sécheresses au nord, des inondations au sud, désertification… Or, bien que les luttes contre la pollution de l'air et contre le changement climatique ne se superposent pas

[16] Robert A. Rohde, Richard A. Muller, "Air Pollution in China: Mapping of Concentrations and Sources". Disponible sur https://doi.org/10.1371/journal.pone.0135749 ; "Mapping the Invisible Scourge", *The Economist*, 15 août 2015, p. 52.

parfaitement, il est évident qu'en réduisant la consommation de charbon et de pétrole, on réduit d'un même mouvement les émissions de CO_2, de microparticules et de carbone noir.

Par ailleurs, les dirigeants chinois sont parfaitement conscients des fantastiques potentialités en termes d'exportations que représentent les technologies « vertes ». En deux décennies, la Chine est devenue le premier producteur au monde d'ampoules à basse consommation, d'éoliennes, de panneaux solaires, de batteries pour voitures électriques… En 2015, les entreprises chinoises ont investi plus de 100 milliards de dollars dans les énergies renouvelables contre seulement 44 milliards pour les firmes américaines[17]. En janvier 2017, la National Energy Administration of China annonçait des investissements de 360 milliards de dollars d'ici 2020 dans de nouvelles capacités de production d'énergie : 144 milliards dans le solaire, 100 milliards dans l'éolien, 70 milliards dans l'hydroélectricité…

Enfin, la Chine compte bien utiliser la question climatique pour améliorer son image internationale. Contribuer à la mise en œuvre de l'Accord de Paris fait à l'évidence partie de ce plan et s'intègre dans la promotion de ce que l'on nomme à Pékin la « Solution chinoise », formule utilisée pour la première fois en public lors du 95e anniversaire de la fondation du Parti communiste chinois en juillet 2016. À cette occasion, XI Jinping déclara que le peuple chinois était « pleinement confiant dans sa capacité à apporter une solution chinoise à la recherche de meilleures institutions sociales par l'humanité[18] ».

---

[17] Simon Roger, « Trump brouille les négociations climatiques », *Le Monde*, 10 mai 2017, p. 15.

[18] "Tortoise v hare", *The Economist*, 1er avril 2017, p. 46.

Certains vont jusqu'à affirmer que la Chine est ainsi parvenue à imposer au niveau international ses préférences nationales en matière de lutte contre le changement climatique sans concéder le moindre abandon de souveraineté[19].

2.3. … et résistant à la défection américaine

Selon certains observateurs, c'est la flexibilité même de l'Accord de Paris qui assure sa solidité. Ainsi, dès la fin de 2016, on pouvait lire dans les colonnes de *The Economist* : « L'Accord de Paris […] est suffisamment souple dans sa structure et modeste dans ses objectifs pour être capable de résister à un retrait des États-Unis, le deuxième émetteur mondial de carbone[20]. »

Cette analyse semble confirmée dans la mesure où le retrait américain n'a pas, du moins pour le moment, conduit d'autres pays à faire défection. Pour autant, la décision des États-Unis aura incontestablement des conséquences sur le fonctionnement de certaines institutions en charge du régime climatique mondial.

En effet, près du quart du budget de la CCNUCC (115 millions de dollars par an) est fourni par les États-Unis. Michael Bloomberg, ancien maire de New York et huitième fortune du monde, a promis de verser 15 millions de dollars à la CCNUCC. Il a également coordonné une initiative intitulée « We Are Still In » qui regroupe 125 villes, 9 États, 902 entreprises et investisseurs et 183 universités qui s'engagent à procéder « à des réductions

---

[19] Pierre Berthaud, Catherine Figuière et Laëtitia Guilhot, « La Chine sur la voie du développement durable ? », *Annuaire français de relations internationales*, 2016, vol. XVII, p. 732.

[20] "Up in Smoke ?", *The Economist*, vol. 421, n° 9017, 26 novembre 2016, p. 51.

d'émissions qui aideront à faire respecter les engagements de l'Amérique dans le cadre de l'Accord de Paris »[21].

Il en va de même du Fonds vert pour le climat – institution destinée à aider les pays pauvres à lutter contre le changement climatique et à s'y adapter – auquel les États-Unis s'étaient engagés à fournir 3 milliards de dollars sur les 10 milliards de mise initiale. Or, à ce jour, un seul milliard a été versé par les États-Unis et Donald Trump a pris soin de préciser que plus un seul dollar ne serait versé. Une telle attitude est évidemment de nature à renforcer le clivage Nord-Sud.

Par ailleurs, l'attitude de Washington ne peut que servir les intérêts chinois et faciliter la promotion de la « Solution chinoise » que nous évoquions plus haut. Ainsi, au moment où se profilait la victoire de Donald Trump, Pékin avait clairement annoncé sa volonté de respecter les engagements pris dans le cadre de l'Accord de Paris. Présent à Berlin le 1er juin 2017, le Premier ministre Li KEQIANG déclara quelques heures avant l'annonce du retrait américain que la Chine « continuera à assumer ses responsabilités »[22]. Pékin se dit déterminé à « chérir le résultat chèrement gagné » lors de la COP21. Arrivé à Bruxelles le 1er juin 2017 pour participer à la 19e réunion des dirigeants Chine-Union européenne, le Premier ministre a déclaré que « la Chine défend toujours les règles multilatérales, y compris les règles de l'OMC. Sans règles, ce monde sera une jungle »[23]. Cette réunion était prévue de longue date et c'est un hasard si l'annonce de la défec-

---

[21] http://www.novethic.fr/empreinte-terre/climat/isr-rse/we-are-still-in-l-initiative-des-poids-lourds-de-l-economie-americaine-pour-defier-donal-trump-sur-l-accord-de-paris-144496.html

[22] Cécile Ducourtieux et Jean-Baptiste Stroobants, « L'UE et la chine en pointe contre la décision américaine », *Le Monde*, 3 juin 2017, p. 3.

[23] Jean Quatremer, « Pékin-Bruxelles, alliance de circonstance », *Libération*, 3 et 4 juin 2017, p. 6.

tion américaine a eu lieu ce jour-là. Néanmoins, il s'agit d'un hasard heureux qui a permis à Pékin et Bruxelles d'affirmer et de mettre en scène leur volonté de poursuivre, voire d'amplifier leur action contre le changement climatique.

Conclusion

En matière de lutte contre le changement climatique, la mondialisation offre donc un bilan en demi-teinte.

Du côté des réussites, on peut se féliciter du fait que les pays membres de l'ONU aient réussi – certes moyennant un changement dans le mode de négociation – à élaborer et à adopter un accord qui prenne le relais du Protocole de Kyoto, un accord qui, du moins jusqu'à ce jour, a résisté à la défection du deuxième émetteur de CO_2 de la planète. Autre point positif à souligner, l'engagement de nombreux acteurs de la société civile américaine en faveur de la poursuite de l'effort engagé sous Barak Obama malgré le revirement de son successeur. Il faut également noter que le marché de référence pour de nombreuses entreprises étant désormais le marché mondial, ce sont donc les critères environnementaux de la zone la plus exigeante (en l'occurrence l'Union européenne avec ses 510 millions d'habitants) qui s'imposent. Dans ces conditions, on comprend pourquoi de nombreux industriels américains (de Chevrolet à Boeing) n'ont eu aucune raison de se féliciter de l'assouplissement des contraintes environnementales impulsé par l'administration Trump. À cela s'ajoute la prise de conscience de l'effort d'investissement consenti par la Chine dans le domaine des technologies vertes… au moment où la locataire de la Maison-Blanche fait l'apologie du charbon ! Cela explique sans doute aussi la mobilisation de la Sillicon Valley contre les conséquences politiques du climato-scepticisme de Donald Trump.

Mais, à côté de ces réelles avancées, les sujets de préoccupation ne manquent pas. Ainsi, l'objectif d'une élévation des températures inférieure à 2° Celsius par rapport aux niveaux préindustriels d'ici la fin du siècle semble désormais hors de portée. Sur le plan politique et économique, on ne peut que s'inquiéter de voir une dictature comme la Chine tenter d'exercer un leadership mondial en matière de politique climatique (et peut-être finir par y parvenir). On est bien loin des espoirs qu'avait suscités la fin de la guerre froide. À la veille de la guerre du Golfe (1991), le président américain George Bush annonçait l'émergence d'un « nouvel ordre mondial » où la liberté et les droits de l'homme seraient partout respectés, où les Nations Unies renoueraient avec leur élan fondateur en n'étant plus entravées dans leur action par la rivalité Est-Ouest. Un an plus tard, dans un essai devenu mondialement célèbre, *La Fin de l'histoire et le dernier homme*, Francis Fukuyama prophétisait la victoire définitive de la démocratie libérale et de l'économie de marché. Quant à Bill Clinton, il expliquait dans un discours prononcé en mai 1994 que renouveler (comme il venait de le faire) à la Chine l'octroi de la clause de la nation la plus favorisée était la meilleure façon de « poser les fondations d'un progrès durable de long terme en matière de droits de l'homme tout en faisant avancer nos autres intérêts ». Beaucoup de responsables politiques et économiques ainsi que de nombreux experts ne connaissaient manifestement pas cet avertissement qu'Antonio Gramsci avait écrit 70 ans plus tôt au fond de sa prison : « Le vieux monde est en train de mourir. Le nouveau tarde à apparaître. Et dans ce clair-obscur naissent des monstres ».

Les négociations climatiques illustrent parfaitement la complexité et les apories politiques et économiques de la mondialisation en cours.

L'heure des bilans. Quelles sont les causes économiques de l'échec des gouvernements progressistes en Argentine et au Brésil dans les années 2000 ?

Pierre Salama*

Sous les présidences de Nestor Kirchner (2003-2007) puis de Cristina Kirchner (2007-2015) en Argentine et de Lula (2003-2011) puis de Dilma Rousseff (2011-2016) au Brésil, ces deux pays ont connu un taux de croissance relativement élevé lors de la première décennie des années 2000 (voir annexe statistique), les salaires réels ont augmenté, parfois fortement surtout pour les catégories les moins qualifiées, la pauvreté a diminué, les dépenses publiques destinées aux politiques sociales ont augmenté. Ils ont bénéficié d'un relâchement de la contrainte externe grâce à la montée des cours des matières premières et à l'augmentation des volumes exportés. Cette « aisance externe » leur a permis d'importer massivement des biens manufacturés et a ouvert la voie à une désindustrialisation. Au Brésil, la désindustrialisation était déjà en cours dans les années 1990 et elle s'est accentuée, en Argentine, après l'implosion du plan de Convertibilité au début des années 2000 (dévaluation très importante) et la très forte crise

* Professeur émérite, Université Paris-Nord.

économique qui s'est ensuivie, un processus de réindustrialisation est apparu, mais après quelques années, la production industrielle a stagné puis a reculé. Dans les deux pays, il s'est ensuivi une crise économique, particulièrement forte au Brésil.

Le Brésil est entré dans une crise profonde en 2014, la plus importante depuis les années 1930, la pauvreté et les inégalités se sont alors profondément accrues. L'Argentine a vu sa croissance s'essouffler en 2012 et devenir négative certaines années. Les gouvernements argentins ont été incapables de maîtriser la hausse des prix. Le président Macri n'a pu, non plus, maîtriser la hausse des prix malgré des mesures de libéralisation économique et a accru sa vulnérabilité externe, ce qui s'est traduit pas des négociations avec le FMI et la mise en place de mesures d'austérité.

Il ne s'agira pas ici de retracer pour chacun de ces deux pays les parcours économiques, leurs spécificités, les choix politiques, etc., nous l'avons fait de manière approfondie ailleurs[1], mais d'essayer de tirer des leçons de ces échecs. L'approche théorique retenue dans cet article s'apparente à celle développée par les courants *Novo desenvolvimentismo* (Bresser Perreira L. C, Frenkel R...) *et Social-desenvolvimentismo* (Belluzzo L., Battista Jr P N...)[2].

L'origine de ces échecs économiques est à rechercher dans deux « péchés originels »[3] : le relâchement de la contrainte externe et la financiarisation.

---

[1] Voir, par exemple : Salama P., 2016 et 2017 où on trouvera une large bibliographie sur ces sujets et des développements théoriques.

[2] Pour une comparaison entre ces deux approches théoriques, voir Zahluth Bastos P. P. (2012)

[3] Nous empruntons cette expression à Hausmann R. Nous l'utilisons dans un autre sens. En effet, Hausmann l'utilise pour souligner les difficultés que rencontrent les pays qui ne peuvent emprunter à

Le premier conduit à une appréciation de la monnaie nationale en termes réels face au dollar, interrompue par des dévaluations-dépréciations plus ou moins élevées, rendant plus difficiles les exportations hors matières premières dont les prix sont fixés en dollars et plus aisées les importations d'une part, et rendant plus attractifs les investissements en portefeuille d'autre part (sauf pour l'Argentine, exclue *de facto* des marchés financiers internationaux du fait de son traitement de sa dette externe). L'appréciation du taux de change sur le moyen terme, entrecoupée de dévaluations plus ou moins importantes, n'a pas été compensée par des efforts en termes d'accroissement de la productivité du travail. Non seulement l'accroissement de la productivité du travail dans l'industrie de transformation a été très modeste (et inégal selon les secteurs et la taille des entreprises et leur nationalité) mais il a été accompagné de forte hausse des salaires réels, tout au moins pour les bas salaires. En raison des très importantes inégalités de revenus, ces augmentations salariales sont justifiées d'un point de vue éthique mais, non accompagnées d'une politique industrielle visant à accroître la productivité et couplée à une appréciation de la monnaie nationale, elles ont participé à la chute de la compétitivité du tissu industriel. L'abondance de devises provenant de la vente de matières premières a permis l'accroissement de la demande satisfaite par une augmentation des importations.

Le second péché originel, surtout dans le cas du Brésil, est commun à l'ensemble des pays avancés. Il s'agit de la financiarisation. Celle-ci se fait plus ou moins au détriment de l'investissement dans l'industrie et de la productivité. Mais à la différence des pays avancés, cette

l'étranger dans leurs propres monnaies, leur dette externe étant alors libellée en devises étrangères.

financiarisation n'a pas entraîné de stagnation des salaires réels (à l'exception des salariés hautement qualifiés). En favorisant la redistribution sans stimuler la production industrielle, voire en la laissant décliner, les politiques économiques des gouvernements progressistes ont conduit à des crises économiques qu'on ne saurait attribuer seulement au renversement du cours des matières premières. Avec leur reprimarisation, ces économies sont devenues plus fragiles principalement à cause des effets induits et non maîtrisés du relâchement de la contrainte externe produit par la *bonanza* de ces matières premières.

Ces deux « péchés originels » ont des conséquences négatives sur le tissu industriel. Inverser les politiques économiques menées jusqu'alors en favorisant une dépréciation de la monnaie réelle et/ou une baisse des taux d'intérêt pour relancer l'industrie n'est pas aisé tant les intérêts en jeu sont importants. L'aisance en devises a permis aux gouvernements Lula 1 et Lula 2 d'obtenir un large consensus au Brésil. Il a pu ainsi être simultanément « la mère des pauvres » et le « père des riches », ce qui explique sa très forte popularité à la fin de son second mandat. Cela n'a pas été le cas des présidentes Dilma Rousseff au Brésil et Cristina Kirchner en Argentine. Ce sont ces deux « péchés originels » que nous analyserons.

1. Le premier « péché originel » : l'appréciation du taux de change

1.1. Une ouverture extérieure relativement faible

D'une manière générale, dans les dix premières années de ce nouveau millénaire, la globalisation en Amérique latine a eu des effets positifs : moins de dettes externes, plus de croissance, moins d'inflation, sauf en Argentine, budgets mieux maîtrisés, hausse des salaires réels et moins de pauvreté.

En termes relatifs, le poids des exportations de ces pays dans les exportations mondiales n'a pas ou peu augmenté. Il était, par exemple, au Brésil de 1 % en 1981 et de 1,2 % en 2013. La croissance des exportations brésiliennes s'est fait au même rythme que celle des exportations mondiales alors qu'en Chine la part des exportations dans les exportations mondiales passait de 1 % à 12 % entre les mêmes dates.

À la différence des pays asiatiques, la libéralisation des marchés externes en Amérique latine concerne surtout les marchés des capitaux et moins celui des biens. Les droits de douane y sont particulièrement importants sur les biens d'équipement et produits intermédiaires et baissent relativement moins qu'en Asie. Par ailleurs le contrôle des changes et les droits à l'importation des biens ont été renforcés en Argentine lors du second mandat de Cristina Kirchner afin de limiter la baisse de ses réserves en devises, soumises à de fortes pressions en raison de la croissance insuffisante des recettes provenant des exportations de matières premières, des déficits croissants de la balance commerciale de produits industriels et de la fuite de capitaux.

Tableau n° 1 : Tarifs moyens des droits d'importations sur les vingt dernières années en %

	Mexique	Argentine	Brésil	Pérou	Chili	Colombie	Corée du Sud	Chine	États-Unis
1996 ou 1997	14,8	14,5	14,4	13,2	11	12,2	9,8	22	4,1
2015*	3	12,5	13,7	2,8	1,2	5,2	5,2	7,6	2,8

Source : Banque mondiale, annexe statistique et Bradesco, * ou donnée la plus récente

Tableau 2 : Tarifs moyens des droits d'importations sur les biens d'équipement et les produits intermédiaires, en %

	Biens de capital			Biens intermédiaires		
PAYS	2000	2006	2010	2000	2006	2010
Brésil	16,90	13,20	13,00	13,90	10,70	11,70
Chine	14,40	8,10	7,70	14,40	7,90	7,40
Inde	26,70	14,10	8,40	32,70	17,40	10,00

Source : *idem*

Tableau 3 : Une libéralisation externe différenciée

	Amérique latine	Asie
Globalisation commerciale	– –	++
Globalisation financière	++	— –

La protection commerciale, inégale selon les pays, relativement forte en Argentine et au Brésil, n'est cependant pas suffisante pour protéger leur industrie. Le déficit de la balance commerciale des produits de l'industrie de transformation apparaît en 2008, s'accroît très rapidement par la suite affectant surtout les produits de haute et moyenne technologie et décroît fortement à partir de 2015 grâce à la dévaluation.

Tableau 4 : Soldes de la balance commerciale FOB, de l'industrie de transformation, des autres produits dont des matières premières du Brésil, 1999-2017 (en milliards de dollars)

	1999	2000	2001	2002	2003	2004	2005	2006	2007	2008	2009	2010	2011	2012	2013	2014	2015	2016	2017
Autros produits	3.357	2.715	4.799	6.232	8.161	9.784	13.80	16.64	21.23	32.08	33.63	54.93	78.56	70.07	62.16	59.51	50.38	50.11	70.20
Industrie da transformation	-4.64	-3.44	-2.11	6.964	16.71	24.05	31.12	29.80	18.79	-7.12	-8.36	-34.7	-48.7	-50.6	-59.8	-63.5	-30.7	-2.43	-3.21
total	-1.28	-732	2.685	13.19	24.87	33.84	44.92	46.45	40.03	24.95	25.27	20.14	29.79	19.39	2.286	-4.05	19.68	47.68	66.99

Fonte: Secex/ALICE. Elaboração própria com base na taxonomia da OCDE/ Standatabase.

Source : Carta IEDI : On peut observer que le solde de la balance commerciale de l'industrie de transformation devient négatif dès 2008.

Graphique 1 : Balance commerciale de l'Argentine (en dollars courants), 1965-2015

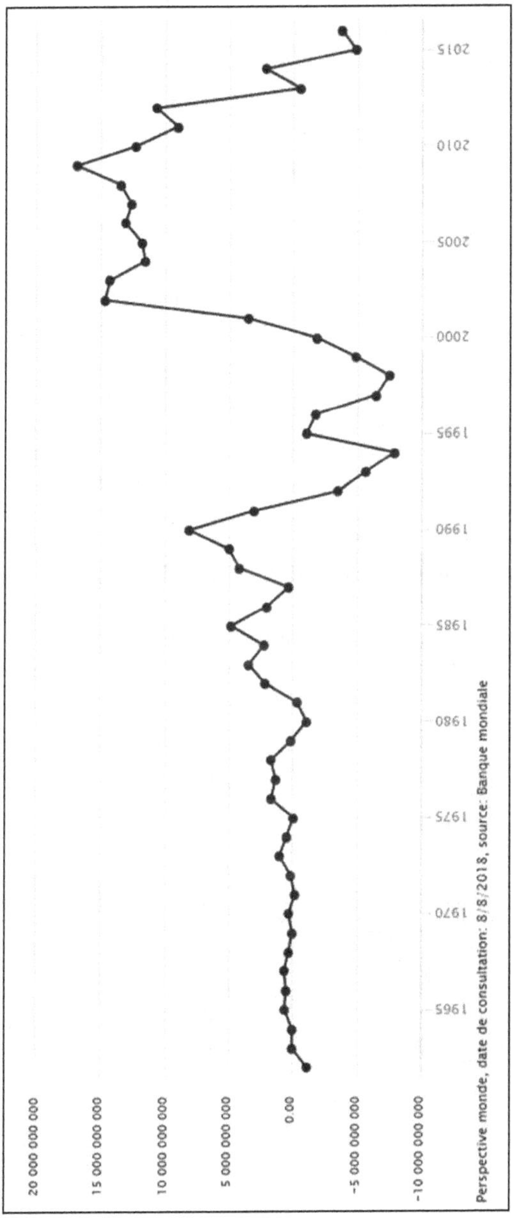

Tableau n° 5 : Brésil, soldes de la balance commerciale des produits de transformation selon l'intensité technologique, 1er trimestre 2003 au 1er trimestre 2015, en millions de dollars FOB.

	2003	2004	2005	2006	2007	2008	2009	2010	2011	2102	2013	2014	2015
Solde de la bc de l'ind de trans	2683	4086	6965	6359	5495	-204	-2 668	-7 137	-10 013	-13 290	-16 338	-18 878	-14 671
Haute techno	-1 232	-1 672	-1 601	-2 608	-3 293	-4 550	-3 067	-6 159	-6 804	-7 564	-7 798	-8 336	-6 943
Moy – haute techno	-1 326	-1 933	-253	-86	-1 365	-4 843	-5 754	-7 491	-10 991	-12 079	-14 736	-13 863	-12 306
Moy-basse techno	1 163	1 522	2 544	2 612	2 515	893	563	-1 182	-710	-1 283	-2 930	-4 224	-2 560
Basse techno	4 082	5 269	6 177	6 436	7 648	8 296	6 400	7 695	8 491	7 637	8 525	7 603	7 139

Source : élaboration de l'IEDI (Instituto de Estudos para o Desenvolvimento Industrial) à partir de la classification de l'OCDE à partir de la classification de l'OCDE, carta IEDI n° 727, en grisé les déficits, ceux-ci concernent plus particulièrement les biens sophistiqués.

Tableau 6 : Argentine, soldes de la balance commerciale de produits industriels selon le contenu technologique, 2001-2014 (en millions de dollars)

	Haut	Moyen haut	Moyen bas	Bas	Total
2001	-3,162	-4,183	693	5,588	-1,063
2002	-718	-274	2,731	8,020	9,759
2003	-1,480	-2,813	2,634	9,887	8,228
2004	-3,554	-5,629	2,329	11,000	4,146
2005	-4,604	-7,124	2,219	11,802	2,293
2006	-5,315	-8,406	2,473	14,041	2,792
2007	-6,404	-12,024	897	17,137	-393
2008	-6,998	-14,973	-922	21,128	-1,765
2009	-5,751	-7,028	301	19,198	6,720
2010	-8,008	-13,455	-1,411	19,905	-2,969
2011	-9,048	-17,271	-5,049	24,487	-6,881
2012	-8,557	-15,516	-3,130	23,512	-3,690
2013	-8,650	-19,012	-5,417	29,932	-9,147
2014	-8,409	-15,109	-6,252	24,684	-5,086

Source : INDEC et COMTRADE, in Schorr M. et Wainer A., 2015, p. 8 en grisé les déficits, plus particulièrement importants et croissants dans les secteurs de haute et de moyenne technologie, la spécialisation se portant de plus en plus dans les secteurs de basse technologie.

1.2. Une baisse de la compétitivité

La « *bonanza* » produite par l'exportation de matières premières depuis la fin des années 1990-début des années 2000, l'augmentation importante en volume de ces exportations et enfin l'entrée de capitaux étrangers au Brésil ont eu pour effet une appréciation de sa monnaie (le réal) en termes réels par rapport au dollar. L'essor des exportations de matières premières a également permis à l'Argentine, dans un premier temps, de desserrer sa contrainte externe, de ne pas avoir à faire appel aux marchés financiers internationaux et de financer à la fois ses importations, le service de sa dette externe restructurée sans négociations, et enfin les fuites de capitaux. L'appréciation du taux de change réel de la monnaie argentine a été toutefois davantage la conséquence du différentiel d'inflation croissant à partir de 2007-2008 avec les pays avancés et du maintien relatif de son taux de change nominal. Dans les deux pays, l'appréciation de la monnaie sur le moyen terme est interrompue par des dépréciations brutales (réal) ou des dévaluations (peso). L'appréciation a eu des effets pervers que les économistes désignent en général par l'expression « maladie hollandaise » ou encore *« Dutch Desease »*.

La maladie hollandaise

Les effets d'une manne (rente) provenant de l'exploitation et de l'exportation de ressources naturelles seraient 1/ une augmentation de la demande de biens dits « non échangeables » (c'est-à-dire non soumis à la concurrence étrangère) induisant une hausse de leurs prix, et 2/ une augmentation de l'inflation. 3/ Pour un taux de change nominal constant, une hausse des prix plus importante que dans les autres pays se traduit par une appréciation réelle de la monnaie, elle-même préjudiciable à l'industrie nationale produisant des biens échangeables puisque les importations deviendraient relativement moins chères. L'effet sur le taux de change est donc indirect, via la hausse des prix. C'est ce qui s'est produit en Hollande dans les années 1960. C'est ce qui s'est également produit en Argentine, sous les gouvernements Cristina Kirchner 1 et 2[4]. La manne, au lieu de produire des effets positifs, produit des effets négatifs sur le tissu industriel. C'est une malédiction[5]. Depuis ces premières théorisations, l'approche en termes de maladie hollandaise a été élargie au trend à la hausse du taux de change nominal et du taux de change réel. On utilise cette théorie pour expliquer les effets négatifs sur les biens échangeables et donc sur le tissu industriel d'un excédent net durable de devises provenant de l'exportation de matières premières dont les volumes et les prix sont à la hausse, et de l'entrée de capitaux surtout s'agissant d'investissements en portefeuille.

La maladie hollandaise n'est pas inéluctable, l'exemple de l'Australie, et de la Finlande le montrent. Tout dépend

---

[4] Ces effets sont faibles durant le gouvernement de Nestor Kirchner pour deux raisons : la dévaluation a été très importante lors de l'implosion du Plan de Convertibilité (au lieu de un peso pour un dollar on est passé à 4 pesos pour un dollar), la poussée inflationniste a été brève et le différentiel d'inflation avec les pays avancés peu important, ce n'est qu'ensuite vers 2007 que l'inflation est devenue importante et que le gouvernement a tenté de minimiser son ampleur en créant un nouvel indicateur de hausse des prix.

[5] La thèse du Dutch Desease est différente de celle dite "*resource curse*" (la malédiction des matières premières). Cette dernière cherche à expliquer pourquoi les pays qui bénéficient des matières premières connaissent en général un taux de croissance de leur PIB plus faible sur une longue période que ceux qui ne les produisent pas. Ce n'est pas le cas de l'Argentine et du Brésil (cf. annexe statistique).

des politiques menées par les gouvernements pour stériliser ou non l'afflux de devises, de l'efficacité d'une politique industrielle ciblée vers des secteurs porteurs, du poids relatif des exportations de matières premières par rapport à l'ensemble des exportations. Le Brésil et l'Argentine continuent à exporter des produits manufacturés même si ceux-ci sont relativement moins importants que dans les années 1990.

Une tendance à l'appréciation du taux de change réel par rapport aux autres devises, premier « péché originel »

L'appréciation du taux de change réel est plus ou moins importante selon le pays, elle est entrecoupée de dépréciations/dévaluations.

Tableau 7 : Taux de change réel effectif du Brésil de 2000 à 2014, veille de la crise (base 100 en 2000)

Septembre 2001	141	Janvier 2013	94
Avril 2002	110	Mars 2013	87
Octobre 2002	177	Avril 2013	101
Octobre 2003	134	Juillet 2014	90
Juin 2004	147		
Octobre 2008	85		
Janvier 2009	110		
Juillet 2011	74		

Source : Nassif A, Feijo C., Araujo E., 2015.

Graphique 2 : Argentine : taux de change réel multilatéral (base 100 au 17/12/2015) et production industrielle (base 100 = 1993)

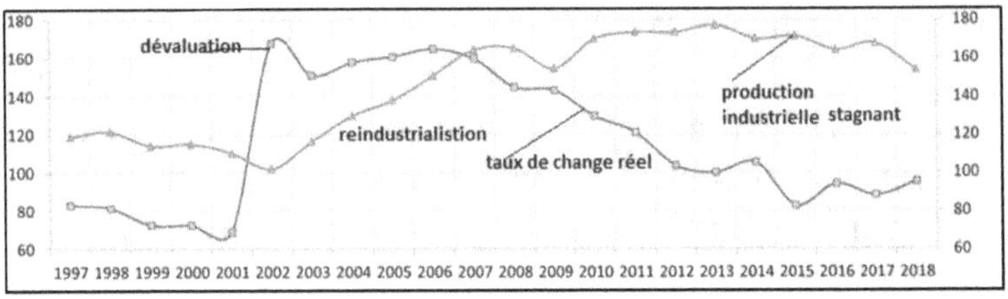

Source : BCRA et OJ Ferreres, la baisse du taux de change réel signifie une appréciation ; les dévaluations de 2013 et 2015 sont modestes comparées à celle de 2001. Sous les présidences Kirchner (mi-2003, fin 2015), l'appréciation du taux de change réel résulte surtout du différentiel d'inflation de l'Argentine avec les États-Unis.

Des coûts unitaires du travail de l'industrie de transformation de plus en plus défavorables

Le coût unitaire du travail regroupe trois variables : le salaire réel, le taux de change et la productivité du travail. Il est le plus souvent présenté en dynamique. La hausse des salaires réels et l'appréciation du taux de change ont un impact négatif sur le coût unitaire du travail. À l'inverse, l'augmentation de la productivité du travail a un impact positif sur le coût unitaire du travail. C'est ce qui explique que des pays à fortes augmentations des salaires puissent améliorer leur compétitivité à taux de change constant si leur productivité du travail croît plus rapidement que les salaires. Ce n'est le cas ni de l'Argentine, ni du Brésil : le taux de salaire réel augmente, la monnaie s'apprécie et la productivité du travail dans le secteur industriel croît très faiblement. L'évolution du coût unitaire du travail pèse sur la compétitivité. Si on ajoute à cette évolution le fait que les investissements dans les dépenses publiques en énergie, en infrastructures ont été très modestes, on comprend alors la difficulté à redresser les comptes de la balance commerciale de l'industrie de transformation.

Frankel et Rapetti, 2011, analysent les causes de l'augmentation du coût unitaire du travail dans plusieurs pays latino-américains entre 2002 et 2010. Selon les calculs effectués par ces auteurs, l'appréciation du taux de change réel est une cause prépondérante de la hausse du coût unitaire du travail. La seconde cause est le différentiel de productivité et la troisième cause est la hausse des salaires supérieure à celle de la productivité.

Encadré 1 : Évolution défavorable du coût unitaire du travail

Tableau 8 : Taux de croissance du salaire minimum en termes réels 2000-2014 au Brésil

2000	2001	2002	2003	2004	2005	2006	2007	2008	2009	2010	2011	2012	2013	2014	2015
5,5	8,9	-3,2	8,7	2,1	9,8	13,5	3,2	2,6	7,6	3	0,7	7,5	3	1	1

Source IBGE, Ministerio do planejamento.

NB : selon la loi, le salaire minimum est indexé aux taux d'inflation de l'année écoulée et aux taux de croissance du PIB des deux dernières années.

Tableau 9 : Productivité et salaires réels dans l'industrie de transformation en monnaie nationale au Brésil, base 100 = 2004

	2004	2005	2006	2007	2008	2009	2010	2011	2012	2013	2014	2015*
Productivité	100	102	103,5	107,5	107,5	105,5	115	115	112,5	117	117	116
Salaire	100	102,5	102,5	106	110	115	118,5	122,5	128,5	132	134	133

Source : CEMEC (Centro de Estudos de Mercado e de Capitais), note 08/2015, *janvier-août 2015

Graphique 3 : Coût unitaire du travail en dollars dans l'industrie brésilienne de transformation en %.

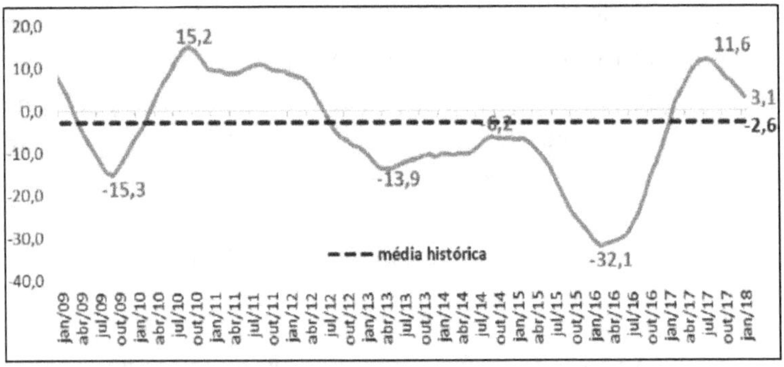

Source : PIM-PF/IBGE et indicateurs industriels/CNI, élaboration FIESP.

Ces indicateurs sont trop macroéconomiques. La dispersion des salaires est très prononcée, plus prononcée que dans les pays avancés, si bien que la comparaison des salaires moyens avec les pays avancés n'est pas très pertinente[6]. Les salaires moyens dans l'industrie sont en général plus élevés que dans le commerce, la construction, etc. et moins élevés que dans l'intermédiation financière. Ils sont plus élevés dans les emplois salariés formels que dans les emplois salariés informels ; à taille comparable

[6] L'OCDE et la CEPAL, 2012, ont montré que la dispersion autour de la moyenne tant de la productivité que des salaires était beaucoup plus élevée dans les économies émergentes latino-américaines qu'aux États-Unis. Lorsqu'on décompose les entreprises selon leur taille en quatre groupes (grandes, moyennes, petites et très petites) et qu'on compare leur productivité moyenne aux groupes correspondants aux États-Unis, indicés 100 pour chacun d'entre eux, on constate que la différence de productivité n'est pas très importante dans le groupe des grandes, elle croît de plus en plus fortement à mesure que l'on passe du groupe de moyennes à celui des petites, et enfin des très petites (où est concentré l'emploi informel). On obtient des résultats comparables pour ce qui concerne les revenus du travail, la dispersion y est très importante.

(nombre de salariés), ils sont en général plus élevés dans les entreprises transnationales, lorsque celles-ci destinent leur production principalement au marché intérieur, que dans les entreprises nationales ; ils sont plus élevés lorsque la taille des établissements augmente.

On sait que les grandes entreprises industrielles ont en général une meilleure productivité que les moyennes et petites entreprises industrielles et des salaires plus élevés. La productivité du travail est faible dans les industries du meuble, relativement élevée dans la chimie, l'industrie métallurgique et dans la construction automobile. Dans l'ensemble, le niveau de la productivité de l'industrie est faible comparé à celui des pays avancés selon Coatz D. et Scheingart D., 2016. Ces économistes ont construit différents scénarios : au taux de change peso-dollar 2005, si la croissance de la productivité du travail dans le secteur industriel est de 3 % par an aux États-Unis et de 4 % en Argentine, il faudrait 101 ans pour annuler le différentiel de productivité entre ces deux pays, et s'il était de 10 % par an en Argentine, il faudrait 15 ans (*op. cit.,* p. 43). C'est dire l'importance de cette brèche. Certes, il s'agit de productivité moyenne et, comme nous venons de le voir, la dispersion de la productivité est plus importante que dans les pays avancés. Cette brèche est donc beaucoup moins importante dans les secteurs dynamiques de l'industrie, à haut coefficient de recherche et à intensité capitalistique élevée, que dans les autres. C'est ce qui explique que des fleurons de l'industrie en Argentine et au Brésil puissent résister, bien que menacés. Mais c'est aussi ce qui explique que de nombreux pans de l'industrie aient pu être détruits et que les principaux pays latino-américains aient pu connaître une désindustrialisation précoce.

1.3. Une désindustrialisation précoce

Comment mesure-t-on la désindustrialisation et sa précocité

Au Brésil, l'industrie est composée de l'industrie de transformation et des industries extractives, en Argentine on isole la manufacture d'origine agricole de celle qui est d'origine industrielle, seule cette dernière est comptabilisée dans l'industrie. Dans d'autres pays, on inclut dans l'industrie les services de haute technologie comme les ICT. Enfin, lorsqu'on analyse des séries temporelles, il convient de tenir compte de toute une série de services qui, hier, étaient internes aux entreprises et qui depuis ont été externalisés et sont souvent comptabilisés à présent dans les services.

Passé un certain stade de développement, il est habituel de constater une baisse relative de la part du secteur industriel dans le PIB au profit des services. Celle-ci ne signifie pas nécessairement qu'il y ait désindustrialisation. Le terme de désindustrialisation est en général réservé à une baisse absolue de la valeur ajoutée de l'industrie et/ou à une réduction relative du poids de l'industrie nationale dans l'industrie mondiale en économie ouverte, ou encore une diminution du poids des exportations industrielles dans les exportations industrielles mondiales. En Amérique latine, ce phénomène a tendance à intervenir beaucoup plus tôt que dans les pays avancés, d'où le recours au qualificatif « précoce » utilisé lorsqu'au début du processus de désindustrialisation le revenu par tête *correspond à la moitié de celui des pays avancés au moment où il débute*.

En Argentine, le secteur industriel connaît une forte croissance de 2002 à 2007-2008, puis stagne et décline. La désindustrialisation qui affecte l'Argentine est ancienne et malgré la récupération partielle de 2002 à 2007, le secteur industriel a tendance à se marginaliser. Parmi les 50 plus grands exportateurs de produits manufacturés dans le monde, l'Argentine occupait le 26e rang en 1980 ; le 45e rang en 2005 et enfin le 37e rang en 2009 selon les travaux de Gallagher K. P., 2011. Albrieu R. *et alii*, 2015 montrent que l'Argentine et le Brésil sont restés dans le quadrant des pays attardés, leur densité industrielle par tête est faible ainsi que le poids de leur secteur manufacturier dans le PIB, alors que les tigres asiatiques sont passés dans un autre quadrant, celui où le poids relatif du secteur manufacturier est plus élevé pour ensuite arriver dans un autre quadrant où non seulement le poids relatif du secteur manufacturier est important mais aussi leur densité industrielle (p. 54).

La part de l'industrie de transformation brésilienne dans l'industrie de transformation mondiale (en valeur ajoutée) est de 1,8 % en 2005, puis en 2011 de 1,7 %, après avoir été de 2,7 % en 1980, selon la banque de données de l'UNCTAD, 2013. Selon la même source, en Chine, cette part était de 9,9 % en 2005 et de 16,9 % en 2011. Elle baisse donc relativement au Brésil alors qu'elle augmente fortement en Chine. Les exportations de produits manufacturés régressent en termes relatifs au Brésil, passant de 53 % de la valeur des exportations en 2005 à 35 % en 2012, au profit des exportations de matières premières agricoles et minières, et ce n'est que depuis février 2016 qu'elle croît à nouveau suite à la forte dévaluation et à la chute du cours des matières premières.

La production industrielle brésilienne stagne – au début de 2014 où elle retrouve son niveau de 2002 – et s'effondre avec la crise. Pour un indice 100 en moyenne en 2002 (données désaisonnalisées), elle atteint un pic de 105,5 en juin 2013, puis 99 en novembre 2014, et 85 en janvier 2016 et 83 en février 2016, malgré le nouvel essor des exportations, l'industrie poursuit son déclin (carta

IEDI, n° 722 et 726). Si on ne tient pas compte de la crise de 2015-2016, en onze ans l'industrie de transformation n'a pas crû.

Tableau 9 : Taux de croissance de la production industrielle au Brésil 2003-2017, en pourcentage

	2003	2004	2005	2006	2007	2008	2009	2010	2011	2012	2013	2014	2015	2016	2017
Extractive	4,9	4,3	10,3	7,4	5,9	3,8	-8,9	13,5	2,2	-0,5	-3,6	6,8	3,9	-9,4	4,6
Transformation	0,1	8,6	2,4	2,4	6	3	-7	10	0,3	-2,4	2,8	-4,2	-9,8	-6	2,2
Industrie totale	0,3	8,3	2,8	2,7	5,9	3,1	-7,1	10,2	0,4	-2,3	2,1	-3	-8,2	-6,4	2,5

Source : IBGE et IEDI, 2018, n° 829

Graphique 4 : Désindustrialisation dans quelques pays, en % du PIB, en valeur ajoutée, base 100/1965

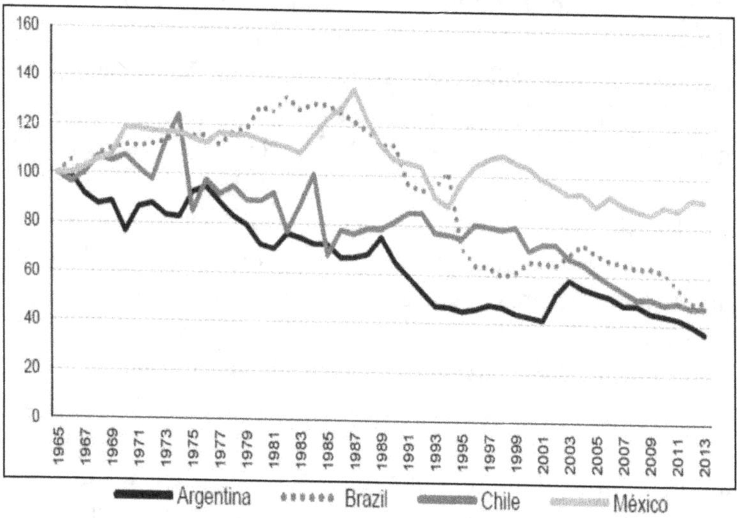

Source : à partir de World Development Indicators, World Bank, dans Castillo M. et Martins Neto, 2016.

D'une désindustrialisation à une crise

La plupart des pays latino-américains ont connu dans la première décennie du XXIe siècle à la fois une désindustrialisation précoce et un taux de croissance de leur PIB plus élevé que dans les années 1990. Le taux de croissance est cependant contraint, à la fois par l'appréciation de la monnaie nationale souvent accompagnée d'une politique de taux d'intérêt élevés[7], et par un manque d'infrastructures patent surtout dans les transports, voire une éducation qui reste de piètre qualité, malgré les efforts réalisés par les gouvernements, et enfin par des institutions de qualité discutable (bureaucratie démesurée, corruption).

La compétitivité de l'industrie de transformation, secteur le plus exposé à la concurrence internationale, se dégrade. Malgré le coût plus faible en monnaie locale des importations de biens d'équipement et de produits intermédiaires importés, la hausse du coût unitaire du travail ampute la rentabilité d'autant plus que la répercussion intégrale sur les prix est rendue plus difficile en raison de la concurrence internationale accrue dans les secteurs exposés. La rentabilité des entreprises de ce secteur à terme en subit les conséquences.

Tableau 11 : Profits nets dans l'industrie de transformation en % du PIB brésilien, 2005-2014 (sans Pétrobras)

2005	2006	2007	2008	2009	2010	2011	2012	2013	2014
1,38	1,25	1,49	1,06	1,26	1,26	0,86	0,70	0,76	0,78

Source : Nota CEMEC, 06/2015

[7] Selon le courant libéral, la réduction de la hausse des prix nécessite une augmentation des taux d'intérêt pour contenir la demande domestique et une appréciation du taux de change pour bénéficier de la déflation importée. C'est ce qu'on désigne par la règle de Taylor. La Banque centrale du Brésil applique cette règle, ce qui explique les très forts taux d'intérêt réels appliqués. Ce faisant, elle contribue à un alourdissement des dépenses budgétaires au titre du service de la dette publique interne et… au déficit budgétaire lorsqu'elle hausse les taux d'intérêt.

Au total, l'appréciation de la monnaie nationale affaiblit le tissu industriel, réduit la rentabilité des entreprises de l'industrie de transformation, favorise les investissements dans les activités rentières et explique le faible niveau des investissements dans les activités productives sur une moyenne période, surtout si on le compare aux pays asiatiques.

Graphique 5 : Taux de FBCF et taux d'épargne brut au Brésil, 2000-2017, en % du PIB courant

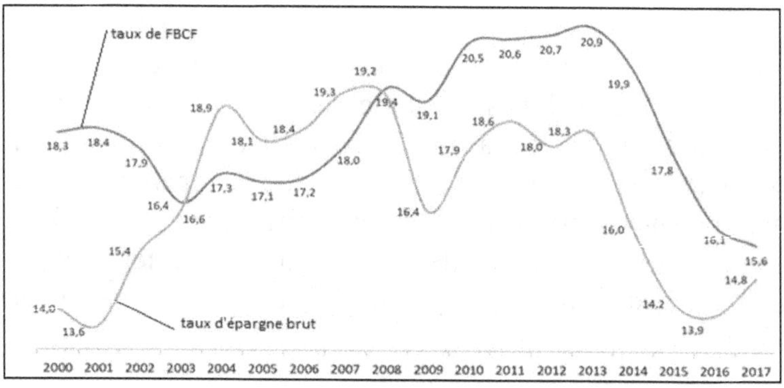

Source : IBGE, carta IEDI, 2018, n° 836.

Tableau 12 : Argentine, taux d'investissement, en pourcentage du PIB, 2004-2015

2004	2005	2006	2007	2008	2009	2010	2011	2012	2013	2014	2015
15	16,9	17,9	19,8	20,8	17	20,5	21,4	20,2	20,2	19,3	19,6

Source : INDEC

Ce qui va précipiter la crise au Brésil, dans un contexte de rentabilité des capitaux en baisse, c'est à la fois la politique économique fluctuante sur le moyen terme du gouvernement de D. Rousseff 1 (voir note 10, *supra)*, la réduction des investissements publics, la baisse des investissements privés et la politique orthodoxe de réduction du déficit budgétaire[8].

Pourquoi l'industrie est-elle à privilégier ?

Que ce soient les travaux de Kaldor, de Vervoorn sur la relation entre les taux de croissance de l'industrie et de la productivité du travail, ceux d'Hirschman sur les effets d'entraînement en amont et en aval de l'industrie et de ses secteurs les plus dynamiques, ou bien ceux encore de Thirwall sur les limites de la croissance lorsque les capacités d'importation des autres pays jouent comme contraintes à l'essor de ses exportations, tous montrent le rôle stratégique de l'industrie pour la croissance, et sa capacité à générer des emplois dans les autres secteurs.

Lorsqu'on met en rapport les différents secteurs, classés selon l'importance relative de la formalité de leurs emplois, et le nombre d'emplois indirects créés, on observe qu'en Argentine en 2013 pour un emploi direct créé dans l'industrie, 2,45 emplois indirects ont été créés, bien plus que dans le commerce, la restauration ou bien la construction civile où prédominent les emplois informels selon Coatz et Scheingart D. (*op. cit.*, page 37).

D'une manière plus générale, selon Berger T. Chen C. et Frey C. B., 2017, les emplois créés indirectement dans le secteur des services grâce à la création d'un emploi d'un

---

[8] Ainsi que le soulignent Serrano F. et Summa R., 2012 y 2015. Ces auteurs sont cependant sceptiques sur la désindustrialisation et surtout sur le lien de causalité entre appréciation du taux de change et désindustrialisation. Pour autant les arguments avancés pour expliquer la crise ne situent pas nécessairement en contradiction avec ceux privilégiant l'appréciation du taux de change comme facteur d'affaiblissement du tissu industriel, ou s'ils le sont, les auteurs ne le démontrent pas, l'approche en termes de coût unitaire du travail étant effleurée ainsi que celle de la rentabilité industrielle par rapport aux autres secteurs.

salarié « qualifié » de l'industrie manufacturière, seraient beaucoup plus élevés dans les pays émergents qu'aux États-Unis car les inégalités de revenus y sont plus élevées ainsi que la propension à consommer, tout au moins dans les deux pays latino-américains analysés par les auteurs (Brésil et Mexique). Les couches aisées de la population dépensent alors davantage en services, ce qui génère des emplois en plus grand nombre.

Nombre de pays asiatiques ont connu ces quarante dernières années une industrialisation rapide et un taux de croissance élevé. À l'inverse, les pays latino-américains sont restés quasi figés dans le quadrant où se trouvent les pays attardés : faible densité industrielle par tête, faible ratio de la valeur ajoutée de l'industrie sur le PIB. Au lieu de prendre le chemin emprunté par les tigres puis les champions favorisant leur industrie, les pays latino-américains sont restés… sur place.

La dépréciation du taux de change est-elle la solution ?

Peut-on considérer qu'en choisissant de fixer un taux de change déprécié on puisse retrouver une croissance soutenue et durable permettant de consolider les acquis sociaux au lieu de les remettre en question comme c'est le cas aujourd'hui ? La réponse n'est pas simple, elle est politique[9]

[9] Les lobbies financiers sont puissants pour freiner autant que possible toute politique de stérilisation des devises visant à atténuer une appréciation de la monnaie. Les tentatives de la présidente du Brésil de favoriser l'industrie par une baisse du taux d'intérêt et une dépréciation de la monnaie, n'ont pas duré. Devant la violence de l'opposition et malgré le soutien, timide, au début de la part du secteur industriel, timide car les liens entre la finance et l'industrie sont de plus en plus étroits dans les grandes entreprises, elle a dû abandonner cette politique économique. En Argentine, le maintien relatif du taux de change nominal après la maxi dévaluation opérée lors de l'arrivée du nouveau gouvernement en décembre 2015, et l'incapacité de

et économique. La dépréciation a souvent des effets non souhaités.

La dépréciation de la monnaie génère une inflation importée. Pour la freiner, on considère souvent qu'il est nécessaire de contenir la demande par une politique d'austérité. Celle-ci, provoque en général, une récession, voire une crise économique dont les conséquences sociales sont proportionnellement plus importantes pour les pauvres et les catégories modestes que pour les riches et les classes moyennes hautes, et ce, d'autant plus que, selon certains économistes, notamment argentins, l'efficacité de la dépréciation dépend de l'ampleur de celle-ci. Elle serait donc très coûteuse aux catégories populaires[10].

On observe le plus souvent un pic inflationniste lors d'une dépréciation brutale de la monnaie nationale. Ce pic, aujourd'hui, est de courte durée, contrairement aux années 1980. Les dévaluations au Brésil à la fin du XXe siècle, celle en 2003 et la dépréciation de 2014 le montrent. Le scénario de la baisse des salaires réels n'est donc inéluctable mais il est possible comme on peut le voir en Argentine à la fin du second mandat de la présidente Cristina Kirchner ou bien avec les dévaluations décidées par le président Macri plus récemment.

---

réduire le taux d'inflation, faute d'un diagnostic correct sur les causes de l'inflation et parce que le poids des lobbies financiers est puissant, produisent mécaniquement une appréciation de la monnaie nationale face au dollar et une difficulté accrue à exporter des biens manufacturés.

[10] Voir, par exemple, Fiorito A., Guaita N. et Guaita S., 2013, mais aussi Serrano (*op. cit.*). Dans une grande mesure, l'analyse de ces économistes paraît confortée par l'échec de la politique économique du président Macri : forte dévaluation, libéralisation du compte capital et des prix, inflation qui croît durablement, déficits de la balance commerciale et déficits budgétaires, industrie qui peine à croître et pauvreté qui augmente.

Le maintien des salaires réels en monnaie locale est possible[11]. Les économies ne sont pas totalement ouvertes. Le niveau général des prix est composé des prix des biens exposés (*tradable*) et des prix d'autres biens qui ne le sont pas. Certes, l'ensemble des biens incorpore de manière plus ou moins importante des biens intermédiaires importés dont le prix augmente avec la dévaluation, mais l'ensemble des *inputs* n'est pas importé. On peut donc concevoir que la hausse des prix consécutive à une dévaluation soit inférieure à la hausse du cours de la monnaie nationale en dollar. Les biens exposés devenant plus compétitifs (le salaire en dollar baisse), le salaire nominal en monnaie locale peut alors s'accroître sans que cela érode totalement l'accroissement de compétitivité, et le salaire réel peut alors rester stable. Comme on le sait, c'est une question de rapport de force au sein du conflit distributif, ou parfois de choix entre baisser les salaires réels ou licencier pour élever la productivité.

Enfin, la dépréciation peut être l'occasion d'augmenter les exportations industrielles. L'exemple du Brésil est à cet égard intéressant à analyser. Le Brésil a connu une crise économique (2014-2016), une crise institutionnelle et politique extrêmement profonde qui, ouverte avec la destitution de la présidente élue et l'emprisonnement de l'ex-président Lula, est loin d'être résolue. La crise économique paraît dépassée aujourd'hui avec une reprise modeste et fragile de la croissance en 2017. La reprise de la croissance de la production industrielle est également faible, mais les exportations de l'industrie de transforma-

---

[11] Nous avons débattu sur cette question avec le courant libéral et le courant *novo desenvolvimentismo*, ce dernier considère qu'il serait préférable que les salaires réels ne croissent pas plus rapidement que la productivité du travail, ce qui, compte tenu de la léthargie de la croissance de cette dernière signifie qu'il faut chercher d'autres manières de diminuer les inégalités de revenu, voir Salama P., 2016.

tion ont connu un bond impressionnant : le déficit est passé de 18,8 milliards de dollars en 2014 à 2 milliards de dollars en 2017. Cette réduction massive du déficit s'explique certes par le ralentissement des importations lié à la crise, et surtout par la forte dépréciation du réal et une réduction consécutive du coût unitaire du travail. L'essor des exportations de biens industriels est important et rapide, plus particulièrement s'agissant des biens de moyenne-haute technologie qui, avec les biens de haute technologie, avaient été les plus affectés par la crise.

La dépréciation de la monnaie n'est pas une solution miracle. Elle n'est après tout qu'une manipulation des prix relatifs permettant d'exporter davantage et d'importer moins si les rigidités structurelles sont surmontées. Pour être efficace à long terme, la dévaluation doit s'accompagner d'une politique économique repensant l'insertion internationale du pays afin que celle-ci se fasse sur des produits dynamiques à forte élasticité demande par rapport aux revenus. Cela passe par un effort conséquent en termes de recherche de productivité, de restructuration de l'appareil industriel. Comme le rappelle Frenkel, 2017, selon Prébish, l'objectif d'une dévaluation n'est pas d'augmenter le poids de l'industrie dans le PIB mais plutôt de favoriser les industries de demain.

L'objectif souligné par Prébish appelle une question importante : peut-on définir un taux de change d'équilibre, c'est-à-dire un taux de change qui puisse permettre de ré-industrialiser un pays, d'augmenter la productivité du travail et de protéger l'industrie (entendue au sens large, incluant les services dynamiques) de la concurrence étrangère ? C'est ici que la politique de change (stérilisation) et la politique industrielle interviennent. Bresser Pereira, Nassif, Feijo, 2018, n'évoquent plus l'industrie dans son ensemble, mais les segments de l'industrie les plus dynamiques qu'il faudrait protéger, y compris par du protectionnisme (p. 376). Et c'est là où les auteurs rejoignent l'idée de Prébish de favoriser l'industrie de demain, s'éloignant ainsi des premières thèses de Bresser Pereira qui visait un taux de change d'équilibre pour l'ensemble de l'industrie.

2. La financiarisation, le second péché originel

2.1. De quoi parle-t-on ? Quelques rappels

Les activités financières ne sont pas, par nature, parasitaires. D'une manière générale, les entreprises agissent dans un environnement macroéconomique sur lequel elles ont en général peu de prises à long terme, et elles le font également dans un contexte d'information incomplète. La complexité de la production aujourd'hui augmente l'incertitude quant à la rentabilité des projets. La couverture de ces risques nouveaux conduit au développement de produits financiers également complexes. Ainsi la complexification du marché financier est dans une certaine mesure, la conséquence de la complexification de la production. Cette complexification financière prend son envol avec la libéralisation financière (décloisonnement, désintermédiation et déréglementation). Elle a certes un coût, mais devrait permettre d'obtenir un profit supérieur à ce coût[12]. Le développement de la finance, l'essor de produits

[12] En termes marxistes, le travail dans le secteur financier est « indirectement productif » (*Le Capital*, Livre 3) comme peut l'être celui-ci dans les activités commerciales analysées par Marx. Le travail qui s'y déploie n'est pas productif, mais il n'est pas non plus improductif. Payé sur de la plus-value, il permet de l'accroître grâce, entre autres, à une rotation du capital plus importante. Mais l'essor du financier ne sert pas seulement à améliorer les conditions de valorisation du capital, il est également cause et conséquence de la spéculation. Sa dimension prédatrice sur la plus-value s'accentue et, dans cette mesure, le travail indirectement productif devient

financiers sophistiqués permettent donc *in abstracto* le développement du capital car le cycle du capital ne se déroule que si les activités financières permettent au capital productif d'être valorisé. Aujourd'hui, l'essor du secteur industriel nécessite un développement plus que proportionnel du secteur financier.

Mais la finance, tel un Janus, a deux faces. L'une « vertueuse » que nous venons d'évoquer, l'autre « vicieuse » qui a pris une ampleur incontrôlée avec la globalisation financière. La financiarisation est la « *maladie infantile* » de la finance, elle est son monstre. *La financiarisation est le seuil à partir duquel le secteur financier, plus lucratif que l'industriel, se développe aux dépens de ce dernier*. Il y a basculement vers la « financiarisation » lorsque le développement de ces activités obéit davantage à l'attrait des nouveaux produits financiers pour eux-mêmes, plutôt qu'à l'objectif de diminution des risques dans le secteur productif.

Le secteur financier semble alors s'autonomiser du secteur productif. Dans ce sens, on peut dire que les relations entre la finance et le travail sont fétichisées et complexes. Fétichisées, parce que la finance et le travail semblent opérer l'une et l'autre dans deux domaines étanches : l'argent paraît s'autonomiser, et tel le miracle des petits pains, produire de l'argent à partir de lui-même. Complexes, parce que des relations existent entre le développement de la finance et les conditions de travail (montant des salaires, emploi et types d'emploi), relations qui se déploient de manière souterraine et apparaissent plus nettement lors des crises. Dans le contexte de globali-

improductif, c'est-à-dire non susceptible de création de valeur, même indirectement. Cohabitent ainsi dans ce type de travail deux dimensions : indirectement productif et improductif. Avec la financiarisation, le second l'emporte sur le premier.

sation commerciale et financière, ces relations, dépassant le cadre national, sont difficiles cependant à déchiffrer, d'autant que les aspects vertueux et vicieux sont les deux faces d'une même médaille. Dit autrement, la finance vertueuse contient en elle-même des tendances à la financiarisation qui la dénature. Il y a donc une relation dialectique entre les deux[13].

2.2. Les effets négatifs de la financiarisation peu contrariés par une volonté politique

Ainsi que nous venons de le voir, il est important de tracer les frontières entre la finance et la financiarisation, l'une est nécessaire au capital et à sa reproduction élargie dans un monde où la complexification de la production domine de plus en plus, l'autre a des effets délétères à moyen et long terme sur l'investissement, l'emploi, et les salaires, tout en étant très profitable à court terme à une couche réduite de la population (1 à 5 %) devenue rentière.

Dans un monde où l'essor de la finance s'accompagne d'une inégalité de revenus croissante, d'une précarisation des emplois en forte hausse, d'une désaffiliation importante et d'une tendance à la stagnation des salaires réels, le Brésil se détache par sa singularité lors des gouvernements Lula1 et 2 et de Rousseff 1 les premières années. D'un côté, la finance s'est développée, le crédit a pris de l'essor, les réserves internationales ont augmenté, et d'un autre côté, la pauvreté a baissé, les inégalités de revenus ont diminué légèrement, si on ne compte pas les 5 % les plus riches, les salaires ont augmenté, le ratio emplois for-

---

[13] Ce que ne font pas la plupart des économistes. Pour ces économistes, la finance est soit vertueuse, soit vicieuse, pas les deux à la fois. Voir l'introduction au livre de la Cepal consacré à cette question : Abeles M., Perez Caldentey E. et Valdecantos S. (éditeurs) : *Estudios sobre financierizacion en America latina,* 2018.

mels/emplois informels s'est amélioré, le chômage a baissé. Ce paradoxe n'a cependant pas duré, une dizaine d'années plus ou moins. La financiarisation, « tigre en papier mais avec des "dents atomiques" » (Salama P., 2017), explique en partie la pire crise qu'ait connue le Brésil depuis les années 1930 avec des conséquences très graves au niveau de l'emploi, des salaires, de la pauvreté, révélant enfin la très grande fragilité des institutions politiques du pays.

Souvent des activités financières destinées à aider la production sont détournées et 1/ affectent négativement l'investissement, 2/ favorisent les choix courtermistes, 3/ ont un impact sur le niveau des salaires et leur dispersion, sur l'emploi et la distribution des revenus, 4/ génèrent une société de plus en plus exclusive. On sait cependant qu'avec l'avènement, des gouvernements progressistes argentins et brésiliens ont contrarié ces logiques, le Politique cherchant à favoriser une hausse du salaire minimum bien au-delà de la croissance de la productivité du travail grâce à des règles institutionnelles d'indexation ou bien par des conventions collectives. À défaut d'une politique agressive sur le taux de change visant à contrer son appréciation et d'une politique industrielle dans le secteur industriel ayant pour objectif d'améliorer sensiblement la productivité du travail, cette politique salariale, certes éthiquement nécessaire, a participé à la détérioration de la compétitivité de l'industrie.

– Au niveau des entreprises industrielles, choisir entre investir dans la production des biens ou acheter des produits financiers plus lucratifs pourrait expliquer que les taux d'investissement soient relativement modestes. Une telle explication est pertinente en partie. Les entreprises industrielles sont contraintes d'investir si elles veulent conserver leurs parts de marché. Ne pas le faire conduirait à des coûts irrécupérables importants.

Finello Correa, de Medeiros Lemos et Feijo, 2017 montrent, à partir des données du CEMEC, que les profits et les investissements dans les grandes entreprises brésiliennes fléchissent à partir de 2010, et plus particulièrement en 2013. Cependant les investissements baissent moins que les profits, grâce au recours aux emprunts jusqu'en 2013. Ces emprunts coûtent de plus en plus, non seulement parce qu'ils sont plus nombreux, mais parce que les taux se sont élevés surtout à partir de 2013 avec la politique du gouvernement d'augmenter fortement les taux d'intérêt. Ce faisant, ils amputent les profits et servent de manière croissante à financer le remboursement d'emprunts plus anciens et moins les investissements, révélant ainsi la fragilité financière accrue des entreprises et la tendance à s'inscrire dans un moment Ponzi[14] éminemment périlleux. La financiarisation est le mécanisme qui conduit les entreprises industrielles à financer les entreprises financières. Non seulement les entreprises industrielles versent des dividendes importants, mais empruntent pour rembourser, translatant ainsi une partie de leurs profits potentiels vers le secteur financier et réduisant ainsi leurs capacités d'investir et de se moderniser. À l'exception de quelques entreprises dynamiques, plus elles empruntent pour financer le service de leurs dettes, moins il reste de profits nets pour investir, profits déjà affectés par leur incapacité relative à résister à la concurrence internationale.

---

[14] Du nom d'un banquier qui, au début du XXe siècle, avait imaginé un montage financier dans lequel la rémunération des ceux qui avaient investi était financée par de nouveaux emprunts. Le talon d'Achille de cette pyramide financière se situe dans la capacité de trouver de nouveaux prêts pour rémunérer les anciens. Il suffit qu'ils fléchissent pour que la pyramide s'effondre.

– Au niveau des ménages, le processus de financiarisation va se déployer également avec ses effets pervers. Selon les évaluations de Guellati Y. *et alii*, 2017, le ratio actif/inactif continuera à baisser au Brésil ce qui, déjà, pose des problèmes quant au financement des retraites tout en maintenant un système de répartition. Avec le vieillissement de la population, le coût de la santé devrait augmenter sensiblement dans la mesure où les soins sont plus coûteux pour les personnes âgées que pour les personnes jeunes. Enfin, compte tenu de l'évolution des technologies, le nombre d'années passé à l'école et dans les universités devrait s'accroître et le coût total de l'éducation augmenter malgré la baisse relative du nombre de jeunes dans la population.

Ces prévisions ne sont pas sans poser des problèmes économiques appelant à des choix politiques clairs. D'une manière générale, trois options existent. La première consiste à préserver la notion de service public et à considérer que tout n'est pas marchand même s'il convient d'évaluer le coût économique de ce choix et le financer par une réforme fiscale visant à faire principalement payer aux catégories les plus aisées une solidarité sociale permettant de vivre dans une société plus inclusive qu'elle ne l'est. La seconde consiste à diminuer fortement la part prise par le système de répartition en faveur d'un système de capitalisation, à faire de plus en plus appel à des hôpitaux privés avec à la clef l'essor des systèmes d'assurance privés, obligatoires ou non, enfin à développer l'enseignement privé. La conséquence est à la fois une débudgétisation de plus en plus importante de ces dépenses sociales, un essor du crédit pour financer partiellement ces dépenses et un endettement consécutif des ménages affectant le revenu disponible surtout des catégories modestes. La solidarité liée au service public diminue fortement. Enfin, une troisième option existe : celle-ci consiste à imposer au secteur public les règles de fonctionnement du secteur privé. Il en découle une diminution de l'offre de service public et une augmentation des cotisations.

Depuis la nouvelle Constitution à la fin des années 1980 et surtout depuis les gouvernements Lula et Dilma, c'est un mixte de ces trois options qui a été privilégié comme le montre Lavinas L., 2017.

Conclusion

La forte demande de matières premières des pays asiatiques, et plus particulièrement de la Chine, dans les années 2000, a conduit le Brésil et l'Argentine à se spécialiser de nouveau dans l'exploitation de leurs ressources naturelles. Ces deux pays, riches en matières premières, se sont alors reprimarisés : au lieu d'exporter de plus en plus de produits industriels comme c'était le cas dans les années 1950 à 1990, ils ont davantage vendu de produits primaires.

Les gouvernements progressistes argentins et brésiliens ont bénéficié de cette aubaine. Ils ont privilégié la redistribution et se sont insuffisamment souciés de la production, laissant les logiques rentières, liées à l'essor de la finance et à l'exportation de matières premières, œuvrer contre l'industrie.

La rente a permis de mener une politique sociale audacieuse sans avoir à souffrir de problèmes externes : les inégalités entre les revenus du travail ont diminué, la pauvreté a chuté considérablement, la mobilité sociale des catégories vulnérables s'est accrue grâce aux efforts effectués dans l'éducation publique. Mais cette rente est également à l'origine d'une fragilisation de ces nouveaux acquis sociaux et d'une montée en puissance d'une corruption qui, d'importante, deviendra très importante et insoutenable d'un point de vue éthique.

Une fois la « fête finie », le balancier politique ouvrira la voie à un retour des droites, soit au prix d'un coup d'État institutionnel (Brésil), soit démocratiquement par des élections (Argentine). Des occasions gâchées en partie et qui se paient à un prix fort aujourd'hui pour les catégories de la population les plus vulnérables, celles précisément dont on voulait améliorer et les conditions de vie et la mobilité sociale.

Annexe statistique. Taux de croissance annuel du PIB du Brésil et de l'Argentine, 2001-2018

Années	Brésil	Argentine*
2001	1,3	-4,4
2002	2,7	-10,9
2003	1,2	8,8
2004	5,7	9
2005	3,2	9,2
2006	4	8,5
2007	6,1	8,7
2008	5,7	4,1
2009	-0,7	-5,9
2010	7,5	10,1
2011	2,7	6.
2012	0,9	-1
2013	2,3	2,4
2014	0,5	-2,5
2015	-3,8	2,5
2016	-3,5	-2,3
2017	1,1	2,8
2018°	1,5	1

Source : Cepal, 2010, 2014 et 2017 : Balance preliminar de las economias de America Latina y el Caribe ; Brésil, à partir de 2014, source OECD, 2018 : *Economic Survey, Brazil. Argentine : Informe de coyuntura economica, GERES, n° 13, 2016. Les données de l'INDEC différentes de celles fournies sous la présidence Kirchner, à partir de 2008*. En grisé, gouvernements progressistes. Prévisions : *Bradesco,* 6 juin 2018.

Bibliographie

Livres et rapports d'institutions nationales et internationales

Bradesco, *Cenarios economicos,* 2018

Carta IEDI, nombreux numéros

CEMEC (Centro de Estudos de Mercado e de Capitais), 06/2015 http://ibmec.org.br/instituto/wp-content/uploads/2014/10/31082015-NOTA-CEMEC-06-FINAL.pdf

Cepal, 2010, 2014 et 2017 : *Balance preliminar de las economias de America Latina y el Caribe.*

FIESP-Decomptec, *Custo Brasil e taxa de cambio na competitividade da industria de transformacao brasileira,* 2013, http://www.fiesp.com.br/indices-pesquisas-e-publicacoes/pesquisa-custo-brasil-e-a-taxa-de-cambio-na-industria-de-transformacao-2013/

IBGE, données statistiques

INDEC et COMTRADE, données statistiques

Informe de coyuntura economica, GERES, n° 13, 2016.

OCDE-CEPAL, *Perspectives économiques de l'Amérique latine, transformation de l'État et développement*, 2012, www.cepal.org

OECD, 2018 : *Economic Survey, Brazil*

UNCTAD, Banque de données, 2013

World Bank

Livres et articles

Albrieu R., Carciofi R., Marcelo Cavarozzi M., Katz S., Machinea J. L., Martínez Nogueira R., Piñeiro M., Rozemberg R., Rozenwurcel G. *Argentina : una estrategia de desarrollo para el siglo XXI,* edition Turmalina, 2015.

Castillo M. et Martins Neto A. *Premature deindustrialization in Latin America,* Cepal, serie Production development n° 205, 1-23, 2016, p. 9.

Coatz D. y Scheingart D. « La industria argentina en el siglo XXI: entre los avatares de la coyuntura y los desafíos estructurales », *Boletín informativo Techint,* n° 353, 2016, p. 61-100.

Finello Correa M., de Medeiros Lemos P. et Feijo C. « Financeirizaçao, empresas nao financeiras e o ciclo economico recente da economia brasileira », *Economia e Sociedade,* n° 26, 2017, p. 1129-1150.

Fiorito A., Guaita N. et Guaita S. « El mito del crescimiento economico dirigido por el tipo de cambio competitivo », *Circus, revista argentina de economia,* n° 5, 2013, p. 81-105.

Frankel J. A. « The Natural Resource Curse, a Survey » *NBER*, n° 15836, 2010, p. 1-39.

Frenkel R. et Rapetti M. Fragilidad externa o desindustrialzacion : cual es la principal amenaza para America Latina en la proxima decada ?, *CEPAL, Macroeconomia del desarrollo* n° 6, 2011, 1-38.

Frenkel R. « Tipo de cambio real competitivo, justicia social y democratia », Conférence ao congesso Brasileiro de Economia, *miméo,* disponible sur Internet.

Gallagher K. P. "China and the Future of Latin America Industrialization", *The Frederick S. Pardee. Center*, 2011, p. 1-8.

Yacine Guellati Y., Claudio Dantas Monteiro C. y de Oliveira Junior A. « O Brasil em 2035: tendências e incertezas para a área social », Texto par discussao, n° 2348, *IPEA.*

Lavinas L. *The Takeover of Social Policy by Financialization, The Brazilian Paradox.*

Palgrave Macmillan, 2017, 219 pages.

Nassif A., Feijo C., Araujo E. "Structural change and economic development: is Brazil catching up or falling behind?", *Cambridge Journal of Economics,* 2015, n° 39, p. 1307-1332. Nassif A, Bresser-Pereira L. C. et Feijo C. "The case of reindustriasation in developing countries : towards the connection between the macroeconomic regime and the industrial policy in Brazil", *Cambridge Journal of Economics,* n° 42, 2018, p. 355-381. Salama P. *Les économies émergentes latino-américaines, entre cigales et fourmis,* Armand Colin, 2012, traduit en espagnol, augmenté et actualisé : *La tormenta en América Latina, ¿Hacia dónde van las economías de la región ?,* Colegio de la Frontera Norte y Universidad de Guadalajara, 2016. Salama P. « A regressão industrial e o pequeno crescimento possibilitam aumentar os salários, quando a produtividade se encontra estagnada ? comentários aos artigos de Pessoa, Lisboa, Oreiro e Marconi », Cadernos do desenvolvimento, vol. 11, n° 19, 2016, p. 191-202.

Salama P. « Is the change in globalization's rhythm an opportunity for Latin American emerging countries ? », p. 14-33, in Chadarevian P. (edited by) : *The political economy of Lula's Brazil,* Routledge, 2017. Salama P. "Financialization in Brazil: A paper tiger, with atomic teeth ?", p. 187-205 Ulgen F. (edited by), *Financial Devel-*

opment, Economic Crises and Emerging Market Economies, Routledge, 2017.

Schorr M. y Wainer A. "Argentina en la posconvertibilidad: de la holgura a la restricción externa. Una aproximación en clave estructural", 2015, *mimeo,* 1-20.

Serrano F. y Summa R. « A desaleraçao rudimentar da economia brasileira desde 2011 », revue *OIKOS*, vol. 11 n° 2, 2012, p. 1-37.

Serrano F. y Summa R.: « Aggregate demand and the slowdown of Brasilan economic growth in 2011-2014 », *Center for Economic and Policy research,* 2015, p. 1-39. Zahluth Bastos P. P. « A economia política do novo-desenvolvimentismo e do social desenvolvimentismo », Economia e sociedade vol. 21, no.spe, Campinas, 2012, p. 779-810.

PARTIE II

LA CHINE, PORTE-ÉTENDARD DE LA NOUVELLE MONDIALISATION ?

Le vingt-et-unième siècle ne sera pas le siècle de la Chine[1]

Jean Ruffier*
& Rigas Arvanitis**

Il y a plus de trois ans, nous évoquions, dans le journal *Lyon-Capitale*, la possibilité d'une possible présidence à vie de l'actuel Président XI Jinping[2] qui semble se vérifier, au moins au regard des nouveaux pouvoirs mis à sa disposition par la nouvelle Constitution. Mais quels résultats économiques peut-on attendre de ce nouvel homme fort qui se compare lui-même à MAO Zedong et utilise les mêmes formes d'exercice du pouvoir : culte de la personnalité et contrôle politique et répressif de l'opinion publique et intellectuelle et des voix discordantes ? Celui qui est venu au pouvoir au nom de la lutte contre la cor-

---

[1] Un article, beaucoup plus succint, est paru sous le même titre sur le site web de Lyoncapitale en mars 2015.

* Professeur émérite de sociologie, Institut d'Administration des Entreprises, IAE.

** Directeur de recherche, IRD.

[2] http://www.lyoncapitale.fr/Journal/France-monde/Actualite/Tribune-libre/Chine-Xi-Jinping-president-a-vie posté le 19 mars 2015.
Nous mettons en majuscules les noms de famille chinois et les prénoms en minuscules, car l'habitude visant à mettre le prénom en premier rend illisibles la plupart de ces derniers en français.

ruption saura-t-il satisfaire les citoyens du nouveau géant économique mondial qu'est devenue la Chine ?

Le sort des Chinois a connu des évolutions considérables durant le vingtième siècle. En guerre pratiquement ininterrompue pendant toute la première moitié du siècle, le pays dont MAO Zedong prend la tête en 1949 est alors un des plus pauvres de la planète. La période maoïste sera une lutte constante de ce dernier pour le pouvoir absolu. Il n'y aura pas consensus au sein du Parti communiste et, MAO, plusieurs fois mis sur la touche, n'hésitera pas à déclencher une véritable guerre des générations, la révolution dite « *culturelle* », pour se maintenir seul au sommet. À sa mort en 1976, il laissera les Chinois se débattre avec un des plus bas niveaux de vie de la planète avec un sous-emploi chronique, une agriculture rudimentaire, un secteur industriel archaïque[3]. Ce fracassant échec économique du maoïsme a été mis sur le compte d'une mauvaise gestion politique, parfois excusée par la fascination exercée par le maoïsme sur les intellectuels occidentaux mais aussi par un choix politique, en Chine, de ne pas faire porter cette responsabilité par la personne de MAO Zedong lui-même mais plutôt par quelques « mauvais génies » (la bande des quatre). Ce choix permettait aussi de justifier les formes de gouvernement autoritaire mais aussi une certaine collégialité au sein du pouvoir central. Lorsque DENG Xioaping prend les rênes du pouvoir, il n'y a ni consensus politique sur les réformes à mener ni véritable choix de politique économique. Il fallait surtout ne pas revenir en arrière donc, graduellement, libérer l'économie rurale des contraintes imposées par la collectivisation des campagnes et de ne plus suivre l'orientation fondée sur l'industrie lourde qui était l'option soviétique à cette époque suivie encore

---

[3] Barry NAUGHTON (2007). *The Chinese Economy. Transitions and Growth.* MIT Press.

dans la plupart des pays socialistes et des pays du tiers-monde.

La spectaculaire croissance de l'économie chinoise « en dehors du plan » comme l'a nommée Barry NAUGTHON a été une divine surprise atteignant à la fois la totalité du monde rural et très rapidement les centres urbains. Jusqu'au brusque arrêt de 1989, la Chine connaît une transformation sans précédent, où se mettent en place les entreprises rurales, les marchés ruraux, la décollectivisation des campagnes, le retour à des entreprises familiales mais aussi la création d'entreprises « de bourg et de village » qui formeront l'ossature de la première vague d'industrialisation chinoise[4].

Le pragmatisme qui a marqué cette période s'est aussi traduit par une économie à deux vitesses : celle de l'économie de marché, fondée sur des entreprises de petite taille mais nombreuses, dans les secteurs des biens de consommation où l'État central relâche progressivement son emprise réglementaire, et une économie encore planifiée, fondée sur les grandes entreprises d'État qui semblent beaucoup plus difficiles à réformer, tant la volonté de l'État est de les contrôler étroitement. De leur côté, les Chinois étaient préoccupés par autre chose de plus urgent que la richesse personnelle : la survie dans un monde pauvre et totalitaire. Les bonnes raisons qui ne nous ont pas fait voir la pauvreté de la Chine sont l'évidence de son décollage économique, sa modernisation accélérée à partir des années 80. Même si la Chine n'a qu'un PIB assez moyen, compte tenu de sa population, elle reste le pays qui a fait le plus régresser l'extrême pauvreté sur cette planète, entre 1990 et 2010. C'est cette même croissance « à deux

---

[4] ARVANITIS, Rigas, MIEGE, Pierre et ZHAO Wei (2003). « Regard(s) sur l'émergence d'une économie de marché en Chine ». *Perspectives chinoises*. (77), 53-65.

chiffres » qui a légitimé les changements politiques à la tête de l'État (notamment le passage de JIANG Zemin (1989-2002) et de HU Jintao (2002-2012)). La présente période est celle de l'arrivée au pouvoir de la « cinquième génération » de dirigeants, issus des réformes économiques, l'éviction de BO Xilai et le gouvernement sans partage de XI Jinping. Il nous semble que les processus politiques engagés actuellement qui se traduisent par un renforcement de l'appareil répressif et la concentration du pouvoir, ainsi que la tenue d'un discours nationaliste, très idéologique (ou plutôt moins pragmatique) que dans les précédents gouvernements, loin de renforcer la position économique du pays, au contraire la fragilisent.

Nous nous appuierons ici sur des travaux menés au sein du laboratoire franco-chinois de sociologie des organisations de l'Université SUN Yat-sen à Canton (**中山大学中法组织研究中心**) et dont nous avons assuré, tous deux, l'encadrement. Rappelons que nous avons commencé à mener des recherches au sein de cette université chinoise dès 1989. Notre petite équipe est devenue un laboratoire officiel de 2000 à 2014. Il a été remplacé par une équipe universitaire plus conforme au fonctionnement chinois actuel. Sans être encore basés en Chine, nous continuons à suivre l'actualité du développement industriel du Delta de la Rivière des Perles.

Notre raisonnement commence par expliquer l'histoire des formes de pouvoir politique en Chine en rapprochant ces formes avec l'efficience économique globale. Puis nous nous interrogerons sur ce qui a fait le succès économique de la Chine. Nous aborderons les défis que rencontre cette économie depuis le tournant que constitue 2010 avec l'augmentation des coûts de production liée à une hausse générale des salaires et des profits. Nous regarderons notamment les principaux facteurs d'instabilité actuelle, et notamment la politique de la lutte contre la corruption. Ce qui devrait pousser nos lecteurs à estimer que si la Chine a des chances raisonnables de maintenir une croissance économique assez forte, elle peut très bien connaître de graves crises, et, à tout le moins, il est tout à fait improbable qu'elle domine l'activité économique mondiale au XXIe siècle. Comme nous le montrerons plus loin, il faudrait qu'elle arrive à résoudre les questions propres au nouveau régime de croissance dans lequel elle se trouve aujourd'hui, chose qui nous semble improbable avec les choix politiques effectués aujourd'hui par le gouvernement central.

1. La solidité étonnante du pouvoir politique chinois

À la mort de MAO, les hauts cadres du Parti, installés dans la nouvelle Cité interdite, reprennent la main et éliminent le clan MAO[5]. Pour parvenir à ce but, ils sont vraisemblablement obligés de faire un pacte : celui de se partager le pouvoir et d'éviter la victoire d'un clan sur les autres. Il se met en place une forme de pouvoir qui nous semble historiquement assez rare que nous pourrions appeler *oligocratie* (pouvoir d'un petit nombre) ou même de *cryptocratie* (pouvoir tenu par des personnes inconnues). Nul doute que ce pouvoir collégial, mais opaque, a constitué un facteur décisif de la survie de ce régime communiste. Le socialisme mondial s'effondre politiquement et économiquement au tournant des années 90, sauf en Chine. Une politique d'ouverture politique et économique sera mise en œuvre par consensus dans tout le spectre politique. Pourtant, entre 1986 et le printemps 1989, en partie à cause des premiers succès économiques spectaculaires des réformes qui s'amplifieront dans les trente années suivantes,

---

5 Jean-Luc DOMENACH (2012) *Mao, sa cour et ses complots*. Fayard, 576 p.

la Chine a été secouée par un mouvement de contestation d'une ampleur inégalée. La mise à l'écart du premier secrétaire ZHAO Ziyang met en évidence la complexité des rapports de force qui entourent les fonctions dirigeantes et la tentation d'éliminer toute contestation par un renforcement de l'autoritarisme dictatorial. Lorsque le pouvoir a vacillé en juin 1989, le premier secrétaire a été écarté et remplacé pendant un temps relativement court par LI Peng qui a été imposé par un petit groupe collégial composé des « anciens », de DENG Xiaoping (qui avait involontairement attisé la colère en condamnant publiquement les protestations étudiantes) et du Comité permanent du Bureau politique de l'époque. La loi martiale fut décrétée le lendemain de la nomination de LI Peng. Cet acte décisif marque un choix du Parti communiste d'accepter le changement sans renoncer au pouvoir.

Le pouvoir n'était donc pas entièrement dans les mains du numéro un – quel qu'il soit, pourrait-on dire. LI Peng n'a exercé le pouvoir central que le temps de réprimer le mouvement populaire, puis a été remplacé par des dirigeants plus faciles à faire accepter au peuple chinois, notamment par JIANG Zemin, et aussi mieux acceptés dans cette tension entre modernisateurs et conservateurs. D'ailleurs, DENG Xiaoping lui-même, grand artisan des réformes, a dû quitter les postes de pouvoir qu'il occupait à cette époque. Il n'en est pas moins resté comme le père des réformes économiques dans la mémoire de Chinois, notamment grâce à une tournée dans le Sud (1992) qui lui permet d'affirmer la nouvelle libéralisation de l'économie contre les conservateurs, sans changer le système de gouvernement dictatorial du Parti[6].

---

[6] GUILHEUX Gilles (2018). *La République populaire de Chine. Histoire générale de la Chine (de 1949 à nos jours).* Paris : Les Belles Lettres, 460 p.

La Chine a ainsi inventé un système autoritaire pratiquant l'alternance, certes limitée aux hommes du Parti (avec un nombre infiniment petit de femmes de pouvoir), ce que confirment les exemples de JIANG Zemin et de son successeur HU Jintao. Ce système politique a été envié par nombre de pays en développement et en transition, car on lui attribue le succès économique que l'on peut constater aujourd'hui.

Dans les informations dont nous disposons, il semblerait que XI Jinping ait pu se libérer de la tutelle de ceux qui l'ont mis en place. Il a pris le pouvoir à la suite d'une intense et rocambolesque lutte de pouvoir où il a été le protagoniste contre BO Xilai accusé de corruption, et, de ce fait, n'a cessé de renforcer son pouvoir en s'appuyant sur sa lutte dite contre la corruption. Mais au-delà de cette lutte interne de pouvoir, XI Jinping défend également une politique interventionniste dans les relations internationales qui contraste avec la position de non-alignement ou d'intervention minimale que la Chine avait tenue jusque-là. Il semblerait donc que la Chine veuille, haut et fort, exercer son nouveau pouvoir économique et son nouveau pouvoir militaire.

Nous en concluons que nous assistons à un véritable changement de régime politique. Ce qui faisait l'originalité historique du pouvoir chinois vient de disparaître.

Comprendre la solidité du pouvoir chinois passe par un petit retour à son histoire. C'est un tout petit groupe qui a pris le pouvoir en 1949, issu de l'armée qui s'est battue contre le Guomindang, puis contre les Japonais, puis à nouveau contre le Guomindang. Les communistes chinois ont joué un rôle important dans la Seconde Guerre mondiale, mais ils n'ont guère remporté de victoires contre les Japonais. Les Américains n'ont pas hésité à armer les communistes chinois quand ils ont compris que leur aide pouvait leur être utile. En écrasant l'armée chinoise, les Japonais après la fin de la 2e Guerre mondiale avaient en quelque sorte laissé la voie libre à MAO Zedong. Pour imposer sa loi sur l'ensemble du territoire, le nouveau régime décide d'organiser la société par unité économique : c'est ce qu'on appelle les unités de vie. Chaque Chinois dépendra à partir de ce moment d'une unité de vie qui contrôlera, plus ou moins étroitement, son état civil, ses études, ses emplois, le nombre de ses enfants, ainsi que ses autorisations diverses et variées[7].

Le contrôle centralisé de l'ensemble du territoire est favorisé par une tradition impériale qui s'appuyait sur un pouvoir fort et une administration composée de hauts fonctionnaires lettrés qui accèdent à leur fonction grâce à un concours fondé sur la maîtrise de l'écriture d'un nombre élevé de caractères chinois. Cependant, chaque administration locale doit se financer, créer ses propres ressources et éviter le contrôle du pouvoir central. Cette dualité entre le contrôle centralisé et le contrôle local marque profondément le développement économique du pays et sera à l'origine de grandes variations dans les niveaux de croissance, les niveaux de vie, d'instruction, de ressources mais aussi de libertés publiques d'une province à une autre.

Le pouvoir central présente des faiblesses. Elles résident déjà dans la disproportion entre le pouvoir central (2 000 personnes) et les 80 millions qui sont membres du Parti. Bien sûr, les membres du Parti ne votent que selon les instructions qui sont données, mais un coup d'État intérieur n'est pas une impossibilité, surtout si le pouvoir apparaissait dépassé, ou déplaisait par trop. On imagine,

---

[7] Pierre MIÈGE (2005). « Les évolutions de la danwei dans la Chine des réformes », Thèse de sociologie de EHESS soutenue le 15 mars 2005 à Paris, 503 p.

aussi, des mouvements sociaux. En fait, nous avons une vision d'une Chine tellement sûre d'elle-même que nous négligeons les observations objectives. Depuis près de dix ans, la majorité des observateurs scientifiques constatent que l'idéologie communiste du pouvoir apparaît complètement ringarde pour la majorité des Chinois. Plus grave, le mécontentement d'une partie importante de la population atteint des sommets au point que l'État ne publie plus ses propres indices de nombre de conflits. Depuis 2009, on assiste à une croissance du nombre de conflits du travail, les salariés obtenant ainsi de fortes hausses de salaire. Cette conflictualité est nourrie par la hausse des prix de l'immobilier qui fait que la plupart des travailleurs migrants, soit plus de la moitié des ouvriers des usines exportatrices, ne parviennent plus à se loger en famille dans la ville de leur lieu de travail[8]. Ainsi, une contestation qui parfois s'exprime ouvertement émane non seulement des « perdants » de la modernisation économique, notamment dans les campagnes les plus pauvres, mais aussi parmi les membres des classes moyennes qui se sont enrichis mais doivent faire face à de nouveaux problèmes inconnus à ce jour (gestion de l'espace urbain, effets de la pollution, rémunérations insuffisantes au regard des augmentations des prix, accès inégal à l'école, etc.). Ainsi, malgré la volonté de puissance des présidents chinois et de l'appareil du Parti, nous notons du fait de ces contestations que le système politique semble devenir sinon plus fragile, du moins contesté. Ajoutons à cela les tensions politiques persistantes, comme celles des régions du Xinjiang et du Tibet, qui entraînent une violence permanente et qui ont déjà coûté des centaines de vies ces dernières années, et

---

[8] Clément SEHIER et Richard SOBEL (Éds) (2015) *Travail, luttes sociales et régulation du capitalisme dans la Chine contemporaine*. Villeneuve-d'Ascq : Presses universitaires Septentrion.

nous avons tous les ingrédients d'un cocktail explosif et d'une violence qui peut devenir incontrôlable.

2. Comment sortir de la trappe du revenu intermédiaire ?

Aujourd'hui, la Chine est face à des problèmes économiques nouveaux. Elle ne peut plus compter sur les bas salaires pour entrer en compétition avec les entreprises du reste du monde. Il lui faut donc réadapter son appareil économique, agricole et industriel. La difficulté est réelle. Les pouvoirs publics misent sur l'innovation et aident massivement les entreprises à développer leur recherche-développement, mais ils ont plus de mal à leur donner accès aux prêts nécessaires pour les investissements dont elles ont besoin pour se transformer. L'essentiel des financements vont à quelques groupes industriels publics que le pouvoir contrôle directement. Pour continuer à croître, il va falloir continuer à rechercher des idées nouvelles, à débattre, à tester, et c'est là que le changement de système politique peut constituer une entrave. Car, aujourd'hui, du fait du changement d'attitude du gouvernement central, les dirigeants industriels, qu'ils soient publics ou privés, évitent davantage de prendre des décisions. Les campagnes contre la corruption frappent aveuglément, et les décideurs évitent de prendre des décisions qui les exposent.

La société chinoise est devenue une composante de la société globale. L'usine du monde n'est pas qu'une image, c'est la constatation que l'économie mondiale ne saurait aujourd'hui fonctionner sans la Chine[9]. Beaucoup de pays ont délocalisé une partie si importante de leur production en Chine qu'ils seraient bien mal à l'aise si les usines chi-

[9] Jean RUFFIER (2006). *Faut-il avoir peur des usines chinoises ? Compétitivité et pérennité de l'atelier du monde.* Paris, L'Harmattan.

noises s'arrêtaient de produire. Pays très dépendant de son commerce extérieur, la Chine n'en est pas moins un pays qui refuse d'appliquer les règles communes. Ainsi garde-t-elle une monnaie non convertible, donc une monnaie dont l'appréciation n'est pas directement fixée par le marché. Si les Américains se plaignent volontiers de la valeur trop basse du yuan, on doit admettre que le système financier chinois a joué un rôle important dans l'arrêt de la crise asiatique et des deux dernières crises bancaires. Refusant de soumettre sa monnaie aux lois du marché financier, l'État chinois peut agir sur une partie significative de la monnaie mondiale. Si certains économistes dénoncent ce qu'ils appellent une tricherie, d'autres se réjouissent de constater que malgré le libéralisme dominant, il existe des leviers d'action sur la monnaie et l'économie mondiale qui dépendent de volontés politiques, fussent-elles chinoises.

L'État chinois reste très interventionniste et planificateur. L'idéologie socialiste a été un peu rapidement enterrée en Occident, lors de la désagrégation de l'URSS. La planification a été abandonnée dans nombre de pays, parce que l'idéologie du pouvoir était favorable au laisser-faire/laisser-aller, ou plutôt, parce que le gouvernement n'avait plus les capacités de dicter ses instructions aux entreprises. En fait, la création d'un espace hors du contrôle des États a limité les capacités de prélèvement d'impôts de la plupart des pays occidentaux. Dès lors, ces États ont perdu de leur puissance.

L'État chinois reste, lui, capable de planifier. Il peut mobiliser rapidement une partie importante des richesses nationales pour faire face à l'imprévu. L'État chinois garde une prérogative qu'avaient les grands États jusque vers la fin du XXe siècle : il peut décider qui a le droit d'être riche parmi ses citoyens. L'État continue à penser pour ses citoyens à la place d'eux, il continue à peser sur leur vie quotidienne décrétant combien d'enfants ils doivent avoir, s'ils peuvent ou non sortir du pays, etc.

Le bilan économique du maoïsme a été catastrophique en plusieurs aspects, mais il faut mettre à son crédit l'accès à l'éducation de sa population, et l'instauration incontestée du Parti qui a assuré une stabilité politique exceptionnelle. Ce gouvernement central dans un pays qui ne connaissait que des gestions régionales a permis d'imposer le rôle du Parti sur la vie quotidienne des Chinois : c'est bien le Parti qui décide des carrières dans la fonction publique. Le nombre total de dirigeants nommés par le Parti, la nomenklatura chinoise, serait d'environ 10 millions de personnes. Aujourd'hui, les enfants et les petits-enfants des dirigeants chinois sont eux-mêmes dirigeants et exercent le pouvoir politique et, nouveauté substantielle par rapport aux années maoïstes, cumulent avec le pouvoir politique et pouvoir économique.

D'une manière très opaque, une partie très étroite dans cette nomenklatura, composée de 5 000 postes nommés directement par le Comité central du Parti parmi lesquels plus de 110 sont les dirigeants des entreprises d'État. Vingt-cinq personnes, censées représenter les principales institutions du pouvoir (armée, provinces, départements du Parti, président, président de l'Assemblée du populaire, etc.) sont membres du Bureau politique et seules 7 personnes forment le Comité permanent du Bureau politique[10].

Mais le pouvoir de ces quelques personnes restait limité par, tout d'abord, une durée limitée des mandats politiques (le président ne pouvait exercer ses fonctions que pour deux mandats successifs). Les politologues spécialistes de

---

[10] Jean-Pierre CABESTAN. *La politique internationale de la Chine. Entre intégration et volonté de puissance*. Les Presses de Sciences Po, 2015, édition mise à jour et enrichie, 1re éd. 2010.

la Chine se perdaient en conjectures sur la composition du Bureau politique ou sur les équilibres entre camps distincts et partage des fonctions entre le numéro 1 et le numéro 2, lequel semblait représenter, au sein du pouvoir, une vision politique assez différente de celle qu'incarnait le numéro un.

La période récente d'oligocratie chinoise a vu une croissance économique sans précédent dans l'histoire. La Chine a quitté le groupe des pays les plus pauvres pour devenir, un temps, le principal lieu du recul de la pauvreté mondiale. Plus de quatre cents millions de personnes ont quitté une économie de subsistance dépendant des caprices du climat pour entrer dans des emplois d'abord industriels, puis industriels et tertiaires. Ayant assisté et suivi cette période, nous avons été impressionnés de la vitesse et la profondeur de ces changements. Des collègues de l'université cantonaise, que nous avons côtoyés durant de nombreuses années, ont connu des enfances de grande pauvreté. Aujourd'hui, certains d'entre eux sont devenus riches et certainement bien plus que la majorité des enseignants-chercheurs européens. Quels que soient les niveaux de revenus, aucun n'aurait imaginé dans ses rêves de jeune étudiant en arriver là. De plus, la très grande porosité des emplois publics et de l'économie de marché a contribué à créer une classe moyenne, tout en mettant en place des mécanismes de régulation économiques et sociaux assez inégalitaires. Comme la plupart des spécialistes du développement, nous n'avons pas su prévoir un tel « décollage ». Alors que la plupart des analyses, publiées tout au long des années quatre-vingt-dix et jusque vers 2005, prévoyaient un arrêt rapide de cette croissance inouïe, le gouvernement semblait toujours trouver le moyen d'éviter l'échec. La Chine faisait, de nouveau, preuve d'une capacité à intégrer les technologies plus rapidement que nous ne l'anticipions[11]. Et puis, chercheurs du développement industriel, nous voyions les usines s'amasser dans la région cantonaise. Plus elles s'installaient, plus elles se développaient, et d'autres venaient s'ajouter à elles. L'atelier du monde se cristallisait sous nos yeux dans une zone essentiellement rurale. Aujourd'hui encore, cette zone constitue la plus importante zone industrielle mondiale.

Quelque chose se passait donc, que nous ne comprenions pas et qui assurait à ce pays un dynamisme étonnant. Peu à peu, les spécialistes de la Chine se sont mis à douter de leurs analyses et à se demander s'il n'existait pas un génie culturel chinois, ou une efficacité insoupçonnée des systèmes dictatoriaux. Ces questionnements allaient de pair avec une perte de confiance dans le libéralisme économique et dans la démocratie.

Comme scientifiques, nous ne pouvons que constater que l'économie est un art bien risqué, mais nous avions basé une grande partie de nos analyses sur la dualité des mécanismes de croissance en Chine. Le décollage économique des années quatre-vingt peut s'expliquer facilement par certains faits objectifs : un assez bon niveau d'éducation, une industrie variée, la proximité de Hong Kong dans le rôle moteur du sud de la Chine, l'importance des capitaux des Chinois de l'étranger. N'eût été son aventure maoïste, le pays aurait connu cette croissance beaucoup plus tôt. Mais c'est la force de ce développement qui intrigue. Nous avions aussi théorisé la coexistence de plusieurs vagues d'investissements et donc de plusieurs modèles industriels. Nous avions aussi cons-

[11] ZHAO Wei, 2006, « Économie de l'innovation et développement des capacités technologiques en Chine : l'apprentissage technologique dans les industries automobiles et électroniques », Thèse présentée à l'Université Sorbonne Nouvelle.

taté que la distribution des pouvoirs décisionnels sur les territoires donnait à la Chine une sorte de souplesse génératrice de croissance locale. Ce capitalisme local avait été théorisé par Jean OI dès le début des années quatre-vingt-dix et nous n'avions pas constaté de changements fondamentaux à ce sujet[12]. Au contraire, nous avions l'impression d'une certaine distribution du pouvoir industriel : l'État central à Pékin se réservait les technologies de pointe et certaines entreprises dans des secteurs stratégiques (car utiles à l'armée) comme les satellites, les télécoms, les nanotechnologies ; les gouvernements locaux disposaient alors d'une grande marge de manœuvre dans des secteurs de technologies productives de masse. Cette économie à plusieurs vitesses, opposant au moins une économie rapide et technologiquement avancée mais très limitée en termes d'emplois et une économie plus lente mais massive dans des technologies plus « traditionnelles », reposait avant tout sur cette distribution des pouvoirs[13].

Dans les travaux auxquels nous avons participé au sein du réseau INIDET ou des équipes de recherches de l'Université SUN Yat-sen à Canton, nous avons souvent relevé que les politiques industrielles n'étaient pas homogènes, même au

---

[12] Jean C. OI (1995). "The Role of the Local State in China's Transitional Economy." *China Quarterly* **144** (Dec. 1995): 1132-1150.

[13] Plusieurs de ces écrits ont été réunis dans le livre édité sous le nom de notre étudiant disparu trop tôt, Romain BIRONNEAU, Éd. (2012). *China Innovation Inc. Des politiques industrielles aux entreprises innovantes.* Paris, Presses de Sciences Po. Voir aussi Rigas ARVANITIS et ZHAO Wei (2007). « Les politiques parallèles du développement industriel ; Politique industrielle et effets d'agglomération en Chine ». Dans F. BAFOIL (Éd.) *Économie politique des pays émergents en Europe de l'Est et en Asie : entreprises et politiques d'aménagement des territoires.* Paris, CERI http://etats-entreprises-et-territoires.contenu-numerique.com/.

sein de la seule région du Guangdong et que beaucoup de tactiques différentes étaient tentées en même temps, avec des succès différents. Cette capacité à effectuer des expérimentations en grandeur nature est particulièrement remarquable et nous a semblé unique. Nous avons aussi observé une grande capacité des dirigeants locaux à laisser faire ce qui marchait, indépendamment des grands principes. C'était comme si les pouvoirs publics laissaient toujours le débat ouvert et évitaient de prendre des mesures de manière hiérarchique en s'imposant du haut[14].

Ayant suivi des patrons cantonais dans des missions d'exploration en Europe, nous avons été surpris par leurs remarques sur le manque de liberté des entrepreneurs occidentaux. Par exemple, les entreprises occidentales ne peuvent construire un bâtiment qu'en se mettant dans la conformité des règlements existants. En Chine, les patrons chinois ne se mettent en conformité que dans la mesure où, une fois le bâtiment construit et opérationnel, ils sont visités par une administration qui leur reproche telle ou telle pratique. Alors vient pour eux la négociation entre ce qu'ils veulent faire et ce que l'administration est prête à autoriser. Autrement dit, d'un côté, seule la connaissance des règles et leur respect permettent d'avancer. De l'autre, l'action s'effectue assez librement, sans se préoccuper des lois, quitte à devoir les respecter après-coup. Cette liberté comporte un danger de taille : alors que les entrepreneurs français savent comment éviter de passer par la case « prison », les entrepreneurs chinois savent que la prison ou de très graves sanctions sont une éventualité un peu aléatoire[15].

---

[14] Ezra F. VOGEL (1989), *One Step Ahead in China – Guangdong under Reform*, Harvard University Press, 510 p.

[15] Jean RUFFIER (2006). *Faut-il avoir peur des usines chinoises – compétitivité et pérennité de l'atelier du monde*, L'Harmattan.

Dans cette situation nouvelle connue dans la littérature économique, celle du passage d'une économie basée sur l'exploitation des coûts les plus faibles (bas salaires de la main-d'œuvre, faibles coûts pour l'énergie, etc.) à une économie plus diversifiée capable d'affronter la question du renchérissement des ressources et du travail de la main-d'œuvre, d'ouvrir des nouveaux marchés, de proposer des produits plus diversifiés, les capacités d'innovation technique devraient être des clés du changement économique en profondeur.

À notre connaissance, cette question de l'accès à la technologie est tout aussi centrale que celle, plus connue des commentateurs occidentaux, de l'accès aux ressources énergétiques et minières[16]. Il est vrai que la Chine impressionne par la hauteur des investissements en recherche développement, et par le nombre de dépôts de brevets. Cependant, notre équipe a toujours été réservée sur les capacités chinoises à entrer dans une R&D de pointe[17]. Nous avons reconnu sa capacité à copier des technologies étrangères, capacité systématiquement encouragée par les

---

Cf. aussi : Jean RUFFIER, Laetitia GUILHOT, Catherine MERCIER-SUISSA (2013), *Face aux nouvelles stratégies déployées par les investisseurs chinois en Europe et en France : quelle(s) réponse(s) adopter ?*, Rapport pour la Direction générale de la compétitivité, de l'industrie.

[16] Jean-Yves CARFENTAN (2015). *Le défi chinois. Les nouvelles stratégies d'un géant.* Le Seuil.

[17] ARVANITIS Rigas, QIU Haixiong (2004), IDRC report on R&D in Universities and Different Institutional Settings in South China: Research for Policy, 84 p. Voir aussi notre article grand public sur la recherche en Chine : ZHAO Wei et Rigas ARVANITIS (2014). « Chine cherche tête chercheuse ». *Alternatives Internationales,* **Hors série n° 14** : 134-135. Les travaux de Romain BIRONNEAU et Bernard KAHANE (dans BIRONNEAU, 2012, *op. cit.*) montraient aussi une faiblesse de la recherche dans les nanotechnologies.

pouvoirs politiques locaux[18]. Mais cette reconnaissance, généralisée maintenant dans les milieux économiques non chinois, se traduit par une méfiance également généralisée, et par une difficulté à insérer les équipes chinoises dans le monde de la recherche technique de pointe. Nous avions également déjà insisté sur la mauvaise qualité des brevets déposés par la Chine. De nombreux brevets sont la reprise de technologies étrangères afin d'empêcher leurs auteurs d'obtenir des royalties en Chine. La Chine n'a rattrapé son retard sur les pays avancés que dans peu de domaines, pour le reste, nous la voyons en retard et nous doutons de la force innovatrice des universités chinoises.

Il ne fait nul doute que la connaissance des théories économiques et celle du monde occidental sont plus fortes chez XI Jinping qu'elles ne l'étaient chez MAO. Mais tout indique un retour vers une autocratie, un pouvoir sans contre-pouvoir. Nous aimerions nous tromper mais il nous semble que certains indicateurs confirment ce diagnostic. En particulier, nous pensons avec beaucoup d'autres que la façon dont sont mises en place les politiques économiques les plus récentes, depuis la prise du pouvoir par XI Jinping et LI Keqiang, relève de modes de décision extrêmement autoritaire où a disparu cette composante qui nous avait tant étonnés, à savoir la capacité à expérimenter localement, la capacité à discuter des mesures envisagées avant de les généraliser, l'ouverture à des propositions parfois contradictoires. Dans les dernières années, Gilles GUILHEUX rappelle l'importance de trois domaines où le gouvernement a dû intervenir de manière urgente face à la montée des conflits que nous évoquerons dans la section suivante. Trois questions ont fait l'objet de réformes et de

[18] Églantine JASTRABSKY et R. ARVANITIS (2006). « Un système d'innovation régional en gestation : l'exemple du Guangdong ». *Perspectives chinoises.*

mesures importantes : le règlement de la dette des gouvernements locaux, celle des droits de propriété de la terre et des mesures de libéralisation des échanges commerciaux avec les principaux partenaires économiques étrangers. « *Toutes ces mesures engagées sous le mandat de Xi Jinping sont décidées au sommet de l'État et participent d'une pratique autoritaire du pouvoir avec pour objectif de renforcer le système actuel, sans vision à long terme. On est donc très loin des modalités de la réforme des décennies 1970 et 1980 lorsque des expériences étaient conduites au niveau local avant d'être généralisées* » (GUILHEUX, *op. cit.*, p. 244).

À mesure que se réduisent les espaces de débats dans l'université chinoise, que les experts, chercheurs, fonctionnaires, décideurs craignent de se voir reprocher des idées trop différentes de celles professées par les autorités centrales, l'élan qui avait marqué les premières vagues de croissance se brise en ce moment, et les conditions ne sont pas réunies pour trouver des solutions qui permettraient non seulement d'être la plus grande économie du monde mais aussi celle d'un pays riche. Or, la puissance aujourd'hui est liée à la taille du pays et à son intrusion dans le commerce mondial, mais n'est certainement pas celle de la première puissance économique mondiale.

3. La montée des conflits

La Chine n'a jamais été un pays irénique. La période maoïste a atteint des sommets dans la conflictualité, celle-ci s'étendant dans toutes les cellules de la société : le Parti, les entreprises, les écoles, la famille. La période d'émergence de l'économie (1990-2010) a paru apaisée en comparaison. La croissance faisait passer au second plan les drames nombreux créés par des fermetures d'entreprises publiques déficitaires ; ces fermetures se traduisaient par la perte des unités de vie des salariés, unités de vie qui assuraient la sécurité matérielle des personnes qui y travaillaient. Voir fermer son entreprise a pu être compensé par l'entrée dans le système salarial de membres de la famille, et par l'octroi d'appartements comme solde de tout compte. Elle a créé des situations désastreuses dans des régions délaissées, lesquelles situations se sont traduites par des éruptions de violences, rapidement réprimées et étouffées par le régime.

De manière plus générale, la structure de la société chinoise a été profondément modifiée avec les réformes économiques et la marchandisation des structures productives publiques. Si on a vu apparaître une classe moyenne instruite et poussant l'économie par ses dépenses accrues (estimée de manière assez lâche entre 15 et 25 % de la population), on y voit aussi de profonds clivages et des inégalités croissantes se creuser au sein de la nouvelle économie urbanisée. De plus, l'appartenance à cette classe dite moyenne semble plus reposer sur son statut de consommateur que dans ses positions au sein de l'appareil productif et économique national. Or, la croissance actuelle ne semble plus pouvoir permettre l'augmentation de cette classe, ni même satisfaire ses besoins actuels du fait du renchérissement des prix à la consommation et des prix de l'immobilier.

Cependant, l'essentiel des conflits se situe ailleurs. Ce n'est qu'à partir de 2009 que nous avons constaté l'apparition de conflits dans les usines exportatrices. Cela a provoqué une surprise d'autant plus forte que les industriels étrangers donnaient assez spontanément la paix sociale comme un des arguments pour installer leurs usines dans ce pays. C'est aussi la période de plus forte croissance industrielle. Intrigués par l'apparition de conflits dans les usines asiatiques de Chine, puis dans les usines françaises, nous avons commencé à réfléchir à cette question à partir de 2010. Notre collaboration avec des universitaires chinois nous a alors permis d'obtenir une sorte de mandat indirect de la part d'autorités chinoises locales qui voulaient aussi répondre à cette question. Cette demande de recherche nous avait ouvert les portes des spécialistes chinois travaillant sur les conflits du travail. Il faut dire que de plus en plus d'universitaires entrevoyaient l'arrivée d'un grand soir, imaginant une jonction de toutes les luttes. Le pouvoir lui-même montrait sa préoccupation, laissant filer les salaires et, se préparant, sans trop le cacher, à des conflits de grande ampleur. Les recherches menées par notre centre[19] ont duré trop peu pour donner lieu à des conclusions définitives, mais nous avons relevé de nombreuses similitudes avec les grèves de la fin du taylorisme dans les années 1970-1980 en Europe. En fait, comme en Europe, les ouvriers peuvent accepter un travail très répétitif et à forte cadence durant des années. Mais au bout d'une vingtaine d'années, ils n'en veulent plus pour eux, ni pour leurs enfants. On peut y voir une des raisons des délocalisations d'entreprises fabriquant les produits de masse. Avant que les pays riches décident de délocaliser sous prétexte de salaires trop élevés, ils constatent une difficulté de plus en plus grande à recruter des ouvriers non qualifiés pour ces travaux. Il n'est donc pas étonnant que les entreprises que nous suivions dans le Delta de la Rivière des Perles aient commencé à parler de problèmes de recrutement d'ouvriers non qualifiés à partir de 2008. Avant, le recrutement n'était pas un problème, au point que les entreprises n'avaient aucune politique pour retenir

[19] Jean RUFFIER (2014), « New social conflicts in the Guangdong province: historical and sociological perspectives », *in* RICHET, DELTEIL, DIEUAIDE (eds) (2014), *Strategies of Multinational Corporations and Social Regulations: European and Asian Perspectives*, Springer.

la main-d'œuvre. Elles s'accommodaient de turnover souvent supérieur à 75 %.

Depuis 2014, il ne semble plus guère facile de travailler sur les conflits ouvriers, ni de trouver des statistiques crédibles. Ce n'est vraisemblablement pas qu'ils aient diminué d'intensité. Ce qui est certain, c'est que les salariés sont devenus moins dociles. La conflictualité augmente dans la société chinoise, notamment autour des problèmes de logement. L'explosion des prix de l'immobilier se traduit par des tensions fortes. Les manifestations à ce sujet ne sont pas rares.

Mais ce ne sont pas les seuls conflits à devenir préoccupants. Si plus de 80 % de la population se considère comme chinoise avant tout, la majorité du territoire relève de populations qui se définissent par leurs langues, leurs traditions, leurs religions, ce qui a toujours causé des tensions avec une volonté gouvernementale d'homogénéisation de la population. Les observations que l'on peut faire, en lisant les journaux chinois ou en se promenant régulièrement sur l'ensemble du territoire de ce pays continent, montrent qu'à l'évidence, la conflictualité augmente. La répression est de plus en plus visible et elle est massive[20]. Il semble que le pouvoir tende à durcir son action et à imposer une pensée, une culture et une langue chinoise, plus qu'il ne l'a fait dans le passé. La brutalité de plus en plus sensible de la répression risque d'entraîner le pays dans des conflits d'autant plus violents que le pouvoir n'a pas réussi à empêcher la diffusion d'idéologies religieuses, anticommunistes ou indépendantistes, susceptibles de nourrir des jeunes ayant perdu leurs repères

---

[20] http://www.slate.fr/story/166940/chine-camps-internements-massifs-minorites-ethniques-ouighours-persecutions-violences-surveillance

culturels. Le niveau de violence est déjà élevé, et la Chine n'est pas à l'abri de conflits armés en son sein.

Enfin, il faut rappeler que la Chine a longtemps été considérée comme une puissance pacifique hors de ses frontières. Elle a connu peu de conflits externes, sinon lorsqu'elle a été envahie. Cela pourrait changer. L'investissement militaire est devenu un des plus importants mondialement, dépassé uniquement par celui des USA. Et un certain nombre d'actions laissent à penser que le pouvoir n'hésiterait pas à tenter de resserrer ses liens internes en se lançant dans une aventure militaire externe (ou interne, selon la vision que l'on en a). Des signaux alarmants en ce sens ont été repérés à Hong Kong, dans les rapports avec Taïwan, ou dans l'appréhension des eaux territoriales chinoises. Une action chinoise armée contre une puissance moyenne serait probablement utilisée comme un moyen d'isoler économiquement la Chine, ce qui aurait très rapidement des conséquences négatives sur son économie. Une attaque massive de Taïwan, chose qu'imaginent comme très probable une majorité de nos interlocuteurs chinois, entraînerait ce pays, et le monde avec lui, dans un futur très incertain.

4. Le contrôle des citoyens et des fonctionnaires

Une autre chose nous étonnait : si les publications, les déclarations publiques étaient extrêmement formatées et contrôlées, les débats dans l'université étaient très ouverts, même lorsque des officiels étaient présents, y compris sur des sujets politiques « chauds » et sensibles mettant en cause le bien-fondé de certaines mesures. La qualité des discussions que nous avons eues avec les décideurs publics nous fascinait. Les dirigeants locaux participent aux débats, toujours à l'écoute d'une idée nouvelle, d'une vision sous un autre angle[21]. Ce n'est pas que l'ouverture y soit plus grande que dans notre propre pays, mais les débats semblent participer d'un élan commun qui aboutit souvent à des choix et des politiques dans la conduite des affaires publiques (et privées). Le lien entre les débats et les expérimentations est certainement plus immédiat que dans notre pays. L'écoute est aussi souvent plus intense : dans une des interviews avec un patron de PME, nous avions tenté de savoir dans le détail quelles étaient les informations et les activités que les clients étrangers fournissaient à cette PME pour obtenir exactement le produit dont le client avait besoin. En souriant, après nous avoir expliqué ces échanges avec ses clients étrangers, ce patron nous dit alors : « *En réalité, le client étranger est mon professeur !* » Cela résume assez bien ce que nous avons constaté dans les échanges entre fournisseurs et clients dans le sud de la Chine[22].

Parallèlement, de nombreux fonctionnaires de gouvernements locaux, souvent jeunes, étaient avides d'informations sur les pratiques de gestion et d'organisation ailleurs. C'est certainement ce besoin profond de connaissance qui nourrit cet élan. C'est aussi la possibilité effective de mener à bien une politique qui intéressait ces jeunes fonctionnaires, qu'ils soient membres du Parti ou pas (en général, c'était le cas). Même si les fonctionnaires publics sont prudents, ils doivent montrer que

---

[21] QIU Haixiong (Éd.) (2007), « 区域创新与企业发展 »,丘海雄主编，北京: 经济科学出版社 (« Innovation régionale et développement d'entreprise », Pékin : Éditions des Sciences économiques / UNESCO)

[22] ARVANITIS R., W. ZHAO, H. QIU and J.-n. XU (2006). "Technological Learning in Six Firms in South China: Success and Limits of an Industrialization Model." *International Journal of Technology Management* **36** (1/2/3): 108-125.

leur gestion locale des affaires publiques est couronnée de succès. C'est même la clé de leur avancement, en même temps que dans la réussite des entreprises localement se trouve la base fiscale de leur administration. Or, comme le montre la récente thèse de Coraline GORON[23] dans le cas des politiques énergétiques et environnementales, le Parti n'a jamais cessé d'employer le « *système d'évaluation des objectifs* » qui sert à l'évaluation et l'avancement des cadres du Parti. Une composante importante de cette évaluation porte sur la capacité du fonctionnaire à mettre en place des réglementations et faire prospérer économiquement leur administration. Simultanément et sans abandonner ce système hiérarchique et bureaucratique centralisé, le gouvernement central démantèle les anciennes formes de régulations issues du socialisme et met en place des mécanismes de régulation par les marchés – en donnant, de fait, une grande liberté aux entrepreneurs au mépris des ouvriers et des travailleurs. En dehors de l'injustice flagrante de ces politiques libérales, les cadres locaux sont souvent issus des entreprises, qu'elles soient publiques ou pas. Il nous est arrivé plus d'une fois pendant les entretiens de découvrir que tel entrepreneur était aussi le président d'un quelconque comité économique, juridique, ou réglementaire, voire d'une commission de discipline du Parti ou d'une instance de contrôle politique. À l'inverse, certains fonctionnaires nous expliquaient que leur participation personnelle dans la résurrection de la vie entrepreneuriale de leur village dépendait de leur implication personnelle ! Nous avons appelé cela de la « *corruption industrialisante* » et il nous est difficile

---

[23] Une très belle thèse, récemment défendue, montre le détail de ce mécanisme d'évaluation des carrières des fonctionnaires. C. GORON (2017) « Climate Revolution or Long March? The Politics of Low-Carbon Transformation in China (1992-2015). The Power Sector as Case Study ». Université libre de Bruxelles. 15/12/2017.

d'établir empiriquement cette connexion particulièrement forte entre carrière des cadres et engagement financier personnel des cadres dans les entreprises locales. Ce mélange de carrières privées et publiques n'est nullement dénoncé, XI Jinping en faisait même un cheval de bataille.

Ces politiques localement pouvaient se traduire, ou pas, en de véritables réussites économiques mais elles étaient toujours discutées, de manière assez franche. Il y avait bien des lignes rouges à ne pas franchir : il n'est pas question de mettre en cause le pouvoir du Parti, ni l'intégrité du territoire chinois, mais au moins jusque vers 2017, même les chercheurs étrangers étaient sollicités pour chercher ouvertement les causes des problèmes dans les entreprises, l'université ou les pouvoirs locaux, et débattre d'hypothèses multiples sur l'organisation du travail et la résolution des conflits, nombreux, que nous constations notamment dans les entreprises.

Le contrôle du Parti sur tous les aspects de la vie des citoyens chinois n'impliquait pas d'interdire aux intellectuels de s'informer sur les différentes autres théories. Il n'empêchait pas non plus le débat. Le pouvoir était exercé par des individus aux idées parfois contraires, donnant force aux consensus. Encore maintenant, beaucoup d'étrangers s'étonnent de la difficulté à formaliser des décisions claires à différents niveaux de l'administration chinoise. Cette clarté n'est pas recherchée, dès lors que ceux qui s'opposent s'entendent. Et en matière de développement économique, la priorité absolue, non seulement du gouvernement mais aussi celles des citoyens, devenus des acteurs économiques consommateurs, est de trouver des solutions consensuelles et qui évitent la conflictualité. Ce conservatisme contraste d'ailleurs avec la mobilité extrême qu'a connue la société chinoise ces derniers 40 ans. À bien y regarder, le dynamisme que nous observions n'était pas dénué d'échecs, de fausses voies, d'individus brisés faute d'avoir réussi. De plus, les défauts d'une administration par trop centralisée et tatillonne étaient visibles mais parfois, le besoin de trouver de nouvelles voies laissait des marges de liberté étonnantes aux acteurs. Ainsi, alors même que le pouvoir semblait s'exercer de la manière la plus autoritaire, on trouvait des espaces de liberté et des capacités à inventer des formes nouvelles de fonctionnement.

La modernisation économique de la Chine, l'envoi de nombre de ces jeunes dans les universités étrangères modifie la manière de penser de ses élites, mais la Chine reste une dictature qui contrôle de près ses citoyens, qu'ils soient en Chine ou à l'étranger. C'est un pays qui a une des plus importantes polices de la pensée du monde. Il y a autant de personnes employées à contrôler les communications et Internet qu'il y en a dans le reste de l'armée chinoise. Le système de l'enfant unique était un instrument remarquable et peu coûteux de contrôle de la population. L'abandon de la politique de l'enfant unique pose la question de ce que va devenir l'immense réseau de personnes supposées contrôler la fécondité de chaque citoyen. On peut s'interroger sur les capacités qu'aurait l'État central à résoudre seul et sans débat la question critique des inégalités croissantes, l'opposition toujours très forte des villes et des campagnes, ainsi que la question devenue insupportable des pollutions urbaines. Et les dernières nouvelles venant des universités chinoises ne semblent pas pousser à l'optimisme : nos collègues de l'Université SUN Yat-sen doivent désormais déposer de manière écrite l'ensemble des cours qu'ils vont donner, et ce, trois mois à l'avance. Déjà les étudiants commencent à noter le nombre de choses qu'ils savent fausses et qui leur sont nonobstant enseignées. L'université va donc avoir de plus en plus de mal à constituer le vivier d'idées nouvelles dont l'économie chinoise en reconversion a cruellement besoin.

5. Les effets désastreux de la lutte contre la corruption

Une des raisons de la popularité populaire de XI Jinping est le fait qu'il apparaît mener une lutte sans concession contre la corruption. En effet, si beaucoup ont vu, dans cette lutte, un moyen d'éliminer ses adversaires au sein du pouvoir, il est incontestable qu'elle a été menée à tous les échelons de la société chinoise. Or, beaucoup d'acteurs économiques, tant chinois qu'étrangers, se plaignaient d'une corruption importante. Comme nous venons de le préciser lors de périodes de forte croissance, cette corruption généralisée était finalement tolérée, voire permise. C'est précisément en dénonçant cet état de choses, en analysant la perversité de cette corruption « industrialisante » que HE Qinlian, célèbre économiste qui avait produit une critique cinglante et approfondie de cette forme de modernisation économique, a dû fuir de Chine après avoir été pourchassée précisément par ces mêmes personnes que son analyse mettait en cause[24]. Mais ces critiques étaient rares : aujourd'hui, les critiques de la corruption sont plus courantes, car cette dernière est supposée fausser le jeu normal de la concurrence.

Il n'est pas nécessaire de se prononcer sur les aspects moraux de la corruption en Chine. Il suffit de signaler l'incertitude fondamentale, qu'introduit le système juridique, et le rôle du Parti dans tout procès. Ce que nous

---

[24] HE Quinlian, *Les écueils de la modernisation* (1988). On peut lire l'excellent article qui a mis le feu aux poudres car publié à l'étranger et en anglais : "China's listing social structure." *New Left Review* 5 (sept./oct. 2000) : 69-99.

rapportent plusieurs industriels avec qui nous avons pu discuter, chinois ou non chinois, met en lumière cette dimension liée à l'absence d'État de droit en Chine. Tout acteur économique sait qu'en Chine, sauf à être certain de l'appui des plus hauts dirigeants, il est impossible de connaître l'issue d'un procès que l'on ferait contre un concurrent ou un partenaire qui ne respecterait pas la loi ou un accord fait avec vous. Les juges vont étudier votre affaire au regard de la loi, mais le Parti aura, s'il le souhaite, le dernier mot. Le problème est que vous ne savez pas si le Parti va intervenir, et surtout quel sera le plus haut niveau de l'intervention. Si le Parti intervient, la loi sera mise de côté au profit des intérêts supposés du Peuple.

Pour les acteurs économiques, cette incertitude est redoutable. Les industriels doivent ainsi fonctionner dans l'idée que tout client peut brutalement ne pas payer sans être poursuivi, n'importe quel concurrent peut piller leur savoir-faire et leurs brevets sans craindre de conséquences[25]. La conclusion est simple, il ne faut faire d'affaires qu'avec des amis et il faut des amis dans la classe politique, sous peine d'échec assuré à la première trahison d'un employé. Et toute entreprise étrangère doit toujours s'assurer qu'elle bénéficie bien de la bienveillance d'un cadre ou d'un fonctionnaire, sur qui il faut s'appuyer pour obtenir autorisations et une certaine protection[26]. L'observation de patrons chinois montre qu'ils

---

[25] On se rappellera l'exemple malheureux de Danone qui a dû accepter le pillage de ses brevets par Wahaha, faute d'avoir su admettre qu'un des dirigeants chinois, proche du PDG français, s'apprêtait à le trahir, sans d'ailleurs s'en cacher. Danone a perdu tous ses procès en Chine, gagnant par contre un procès à Stockholm.

[26] Barbara KRUG et son équipe, en se fondant sur d'importants travaux de terrains auprès d'entrepreneurs chinois, confirment cette

passent la plus grande partie de leurs temps dans des activités apparemment festives avec des clients, des fournisseurs et des fonctionnaires, puissants ou pas. Ces activités permettent d'entretenir des relations utiles pour continuer à faire des affaires avec une prévisibilité raisonnable du comportement des partenaires avec lesquels ils sont engagés[27].

Or, depuis que XI Jinping a pris le pouvoir, avec la chasse impitoyable contre la corruption, patrons et fonctionnaires s'efforcent de se rendre le plus invisibles qu'il leur est possible. Les fonctionnaires prennent le moins possible de décisions, les patrons privés privilégient les projets à très court terme, et s'efforcent de mettre le maximum d'argent à l'abri, parmi des proches ou à l'étranger. Si les chiffres de l'activité économique d'aujourd'hui sont devenus très opaques dans leur construction, c'est vraisemblablement que l'activité économique s'essouffle beaucoup plus nettement que ne le laissent apparaître les statistiques officielles.

Contrairement aux habitants des pays à État de droit qui voient la corruption comme un problème, les Chinois utilisent la corruption comme un outil industriel et économique. En effet, si les acteurs économiques ne peuvent se tourner vers les tribunaux pour exiger le respect d'un accord industriel ou commercial, alors ils ne passent contrat qu'avec des amis, dont ils s'assurent, notamment par des cadeaux, la fidélité : c'est la définition même de la corruption, et la surprenante croissance chinoise n'a pu se

---

analyse. KRUG B., Éd. (2004). *China's rational entrepreneurs*. London, Routledge Curzon.

[27] GAO Chong (高崇) (2006) « The Making of Migrant Entrepreneurs in Contemporary China : an Ethnographic Study of Garment Producers in Suburban Guangzhou », Mémoire de thèse de sociologie de l'University of Hong Kong, 30 avril 2006, 305 p. Et RUFFIER (2006), *op. cit.*, RUFFIER (dir.) (2014), *op. cit.*.

faire que grâce à ce mode de relations personnalisées entre acteurs économiques et politiques.

Conclusion

La Chine est devenue la deuxième puissance économique mondiale en quelques décennies. Simultanément, le pouvoir politique chinois s'est maintenu et n'a pas permis de réaliser les transitions économiques et politiques au même rythme que l'exigeait sa croissance, et qui en ferait aujourd'hui un pays vraiment riche. En nous appuyant sur les travaux du Centre de recherches de l'Université SUN Yat-sen à Canton et d'un réseau international de chercheurs[28], nous avons pu interroger ce qui a fait le succès économique de la Chine, et saisir les grandes dynamiques qui ont permis un rattrapage économique fondé avant tout sur l'augmentation des marchés intérieurs et l'insertion de la Chine dans un nombre considérable de chaînes de valeur du commerce international. Cette dynamique générale a permis d'acquérir des technologies et assurer les besoins de la nouvelle machine économique. Nous avons aussi montré que le développement économique du pays se fonde sur plusieurs dynamiques simultanées qui ont été mises en place dans des phases successives d'investissement, chacune avec une logique qui leur est propre. De plus, une certaine indépendance des provinces et des autorités locales par rapport au gouvernement central a été essentielle pour assurer la progressive marchandisation des structures industrielles. Mais nous avons aussi détecté des facteurs importants d'instabilité du fait de difficultés économiques réelles communes à tous les pays intermédiaires, au passage à un nouveau régime

[28] L'Institut International pour le Développement des Technologies (INIDET).

de croissance appelé trappe du revenu intermédiaire. Le ralentissement actuel de la croissance chinoise en est la preuve et avec l'augmentation des salaires, le pays doit utiliser d'autres leviers de compétitivité comme l'innovation, l'ouverture de nouveaux marchés, l'intégration de technologies nouvelles, autant de domaines dans lesquels le pays semble en retard[29]. De plus, la Chine connaît des difficultés dues à l'augmentation des conflits à tous niveaux, tant dans les entreprises que dans la société, avec des tensions énormes entre le pouvoir central et les populations. Les interprétations contradictoires qui existent sur la formation de la société chinoise d'aujourd'hui sont des preuves de ces difficultés. Nous ne pouvons pas ne pas nous inquiéter des risques de plus en plus visibles de conflits armés externes, qui ne sont pas un facteur d'amélioration de la situation économique.

Mais notre argumentation principale repose sur l'évolution du pouvoir qui, au plan central, est passé d'une forme oligocratique à une forme mono dictatoriale, ce qui, au plan local, rend de plus en plus dangereuses les prises de décisions politiques. Une certaine collégialité du pou-

---

[29] Fred NAVARRO (2006) « L'avantage concurrentiel chinois – entre pratiques déloyales et avantages comparatifs », *Perspectives chinoises*, Hong Kong, n° 97 p. 13-29.
ZHAO Wei et ARVANITIS Rigas (2008). « L'inégal développement industriel de la Chine : capacités technologiques, système d'innovation et coexistence de différents modes de développement industriels ». *Revue Régions et développement. 28*, 61-85.
ZHAO Wei et ARVANITIS Rigas (2010). « The Innovation and Learning Capabilities of Chinese Firms. Technological Development in the Automobile and Electronics Industries ». *Chinese Sociology and Anthropology. 42* (3), 6-27.
ZHAO Wei et ARVANITIS Rigas (2014). « "L'atelier du monde" peut-il évoluer ? Le cheminement des entreprises chinoises de l'émergence à l'innovation ». *Marchés et Organisations. 2014* (21), 33-56.

voir central ainsi qu'une capacité à expérimenter localement rendaient la croissance chinoise particulièrement vive. Le pouvoir actuel applique par contre des recettes anciennes propres d'une dictature aux mains d'un seul homme, lequel remet au goût du jour le culte de la personnalité. Gouverné par une seule pensée, le pays va devenir de moins en moins capable d'inventer et de négocier des voies nouvelles. Le pouvoir semble s'enfermer dans une vision de plus en plus paranoïaque, ce que confirment les mesures de contrôle prises dans les universités. Les pouvoirs politiques locaux jouent de moins en moins la fonction d'expérimentations de stratégies nouvelles qu'ils ont pratiquées dans certaines régions clés pour le décollage de la Chine. Les acteurs privés se sentent de plus en plus contrôlés, et craignent, davantage qu'auparavant, des sanctions éventuelles. Dans la même ligne, nous estimons que la politique de la lutte contre la corruption bloque les initiatives des responsables des politiques économiques qui craignent de se voir brutalement reprochés des décisions qu'ils auront prises. Et le contrôle de plus en plus lourd des populations réduit la capacité de la main-d'œuvre à aller vers l'emploi. Les mesures de contrôle social réduisent drastiquement la fonction d'innovation et d'apports de solutions nouvelles de l'appareil académique. L'innovation est le grand slogan du pouvoir actuel, mais celle-ci risque de plus en plus de reprendre la pensée de son présent dictateur.

Les moteurs qui ont propulsé la Chine dans le peloton de tête des grandes puissances, au tournant du siècle, ont épuisé leur carburant, ou ont été expulsés dans le vide. Le mode administratif de prises distribuées de décisions, qui avait assuré une certaine longévité au régime et permis l'apparition des noyaux d'industrialisation à l'origine de l'émergence chinoise, a repris la forme d'un centralisme autoritaire caractéristique des économies socialistes paralysées du vingtième siècle. La main-d'œuvre docile est devenue conflictuelle, les employeurs privés mus par un désir de reconnaissance sociale et de sortie de l'extrême pauvreté de leur enfance sont devenus des opportunistes qui essaient de mettre de l'argent de côté loin de la Chine. Les coûts de production se sont envolés. La remarquable aptitude à copier et à voler les technologies étrangères est désormais trop connue pour se transformer en une aptitude à l'innovation collective. Sauf explosions malheureusement trop possibles, la Chine peut continuer sur son élan, mais les lendemains qui chantent se sont éloignés. Ce n'est pas encore le vingtième et unième siècle qui sera le siècle de la Chine.

La présence chinoise en Afrique : trois illustrations

Thierry Pairault*

Les mots peuvent créer des frontières, générer des espaces, voire des territoires qui emprisonnent la pensée. Ainsi, l'expression Chine-Afrique suppose *ipso facto* que la Chine se trouve en face d'une entité constituée en un territoire homogène, voire dotée d'une autorité unique ; elle nie l'existence de relations bilatérales qui pourtant prédominent entre la Chine et 54 pays africains d'histoire, de richesses et de conjonctures économiques différentes. Dès lors que le raisonnement se censure ainsi, il devient aisé de dénoncer une stratégie chinoise monolithique à l'égard de l'Afrique, de fantasmer cette présence chinoise et d'en décliner les traits effrayants dans une nouvelle dystopie. Plus détestable encore est le vocable Chinafrique qui capte la fiction précédente pour révéler *a priori* un territoire néocolonisé par des réseaux politiques, économiques et militaires qui lieraient la Chine à ses « colonies africaines » à l'instar de la Françafrique. Certes, il ne faut pas nier que Pierre Falcone, installé à Pékin depuis 1988, ait pu parfois piloter cette Chinafrique, mais l'amalgame, en réveillant l'image d'une Afrique qui serait un territoire

---

* Directeur de recherche émérite, CNRS-EHESS.

réservé à ses « partenaires traditionnels », entend disqualifier la présence économique chinoise sur l'autel de la bonne gouvernance, partant justifier *a contrario* que chacun veuille se réapproprier des territoires en un nouvel espace économique pour ainsi dire revirginisé.

Les mots nourrissent la pensée magique et les chiffres à leur tour entravent l'entendement. Une démarche ingénue suggérera à tel pays africain que ses statistiques douanières prouvent l'indépendance économique de son territoire à l'égard du pays qui l'avait anciennement colonisé. Et ce pays aujourd'hui souverain, brandissant les chiffres de ses importations, se gaussera de l'ancien colonisateur détrôné par une Chine devenue son premier fournisseur. Or, si ces statistiques révèlent bien le territoire où ont été fabriqués ces produits, elles cèlent la nationalité de l'entreprise ayant ordonnancé cette fabrication. La nationalité d'un producteur ne se transmet pas aux produits qu'il fabrique dans un pays *tiers* et c'est la nationalité de ce pays tiers qu'enregistrent les douanes du pays qui les importe. Il faudrait donc considérer la chaîne de création de valeur dans laquelle s'insèrent ces produits puisque celle-ci ignore les frontières, partant déjoue les statistiques douanières. Il conviendrait donc de considérer l'espace transnational dans lequel opère un fabricant pour apprécier si la Chine joue bien le rôle économique dont un discours politique voudrait l'investir et si, *in fine*, la nouvelle indépendance économique promise par la Chine aux pays africains n'est pas une reconduction médiatisée de leur dépendance antérieure.

Dogmatismes, campagnes d'opinion, romantisme économique et leurs causalités débridées obèrent notre compréhension des nouvelles territorialités entre l'Asie et l'Afrique, entre la Chine et les pays africains. C'est pourquoi les trois illustrations des relations sino-africaines que nous donnons dans cette brève note ont toutes pour objet de nous permettre de jeter un regard plus froid sur la présence chinoise en Afrique.

1. De l'esprit de Bandung à l'esprit du capitalisme[1]

Figure 1. – De l'esprit de Bandung à l'esprit du capitalisme

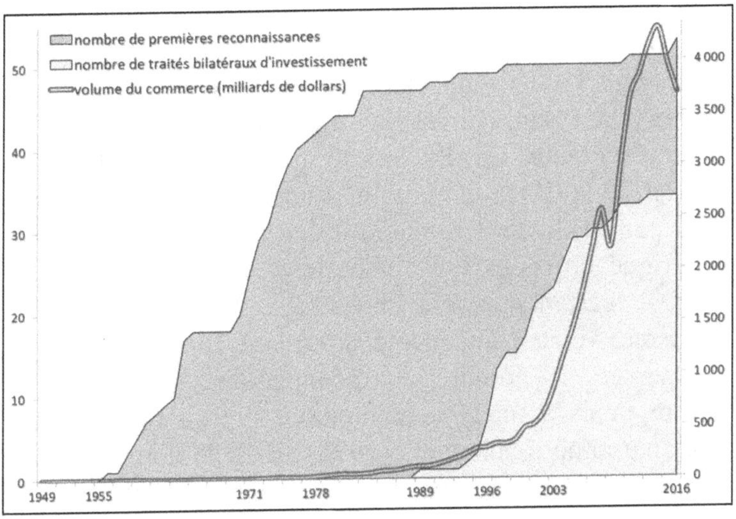

Notes : La date de la reconnaissance de chaque pays africain retenue est celle de leur première reconnaissance, car certains pays (par ordre alphabétique : le Bénin, le Burundi, le Centrafrique, le Congo (RDC), la Gambie, le Ghana, la Guinée-Bissau, le Kenya, le Lesotho, le Liberia, le Niger, le Tchad, la Tunisie, le Sénégal) ont pu rompre leurs relations diplomatiques avec Pékin avant de les renouer à nouveau peu de temps après. Le nombre de traités bilatéraux est celui des traités signés et non de ceux effectivement en exercice.

Sources : La base de données en ligne de la CNUCED (unctadstat.unctad.org) et sa plate-forme consacrée aux traités bilatéraux d'investissement (http://investmentpolicyhub.unctad.org/IIA) ainsi que la

[1] Nous avons développé cette analyse dans « La Chine au Maghreb : de l'esprit de Bandung à l'esprit du capitalisme », *Revue de la régulation* [en ligne], 1er semestre / Spring 2017, 29 juin 2017, http://regulation.revues.org/12230.

recension disponible sur le site du ministère [chinois] des Affaires étrangères (http://www.fmprc. gov.cn/web/ziliao_674904/2193_674977).

De Bandung à nos jours, la place et le rôle de la Chine en Afrique ont considérablement évolué comme le montre la figure 1. Durant une première période (de 1955 au début des années 1980), la Chine s'est attachée à conquérir la reconnaissance des pays africains qui ont franchi le pas une fois que la Chine eut été admise à siéger à l'ONU le 25 octobre 1971 : vingt pays africains avaient reconnu la Chine avant son admission, mais quatre ans après, ils étaient quarante. En d'autres termes, le soutien des pays africains à la Chine était moins unanime que l'histoire réécrite par Pékin ne le suggère (« ce sont nos frères noirs d'Afrique qui nous [y] ont portés », aurait dit Mao Zedong[2]), partant semble davantage s'apparenter à du suivisme, voire à du clientélisme. Une fois cette période clé passée, le nombre de reconnaissances continue de croître, mais à un rythme moindre puisqu'au cours des quarante années suivantes (1976-2015), le nombre de reconnaissances par les pays africains n'a augmenté que de onze auxquelles s'ajoutent deux autres en 2016 dans le contexte de rapports sino-taïwanais moroses.

Alors que par la force des choses (il n'y a que 54 pays africains), la croissance des reconnaissances fléchit, c'est celle des signatures de traités bilatéraux d'investissement

[2] Un ouvrage paru en 1999 retraçant l'histoire diplomatique de la Chine populaire aurait rapporté cette phrase (*zhe shi Feizhou heiren xiongdi ba women taijin*) qu'aurait prononcée Mao Zedong le soir de l'admission de la Chine à l'ONU, phrase dont l'authenticité est discutée en Chine même. Cet ouvrage intitulé *Xin zhongguo waijiao 50 nian* [50 ans de diplomatie de la Chine nouvelle] a été écrit par Wang Taiping, un diplomate de carrière, et publié aux très officielles Presses de Pékin (*Beijing chubanshe*) dans le cadre d'un programme du IXe Plan quinquennal subventionnant la publication d'« ouvrages clés ».

qui s'amorce au début des années 1990 qui s'emballe entre 1996 et 2005 avant de prendre un rythme plus modéré tant et si bien que les traités signés avec des pays africains représentent plus d'un quart (26,4 %) des traités de ce type signés par la Chine. Les motifs pour la Chine de signer ces traités ont évolué de manière très significative. On constatera que les traités signés par la Chine avant 1996, voire jusqu'en 2003, auraient une connotation d'autant plus politique qu'ils seraient anciens, tandis que ceux qui auraient été signés depuis verraient leurs visées économiques de plus en plus clairement affirmées. En d'autres termes, l'évolution du nombre de traités bilatéraux soulignerait distinctement le renouvellement de la nature des rapports entre la Chine et les pays africains. À cet égard, les deux dates de 1996 et de 2003 sont significatives, car elles signalent deux moments importants de la vie politique et économique chinoise sur lesquels nous reviendrons plus loin.

Ce qu'il y a de particulièrement intéressant est d'observer que la courbe des échanges commerciaux (importations plus exportations de marchandises) entre la Chine et les pays africains résume à elle seule l'évolution des rapports entre la Chine et l'Afrique. Une première période de la conférence de Bandung au milieu des années 1980, alors que la Chine noue des liens diplomatiques avec les pays africains, les échanges commerciaux sont quasi inexistants. Dès lors que la situation diplomatique se normalise, ces échanges commerciaux amorcent leur essor (du milieu des années 1980 au début des années 2000), puis croissent à vive allure en même temps que sont signés des traités d'investissement bilatéraux (début des années 2000 à nos jours). À l'issue de ce basculement progressif du politique vers l'économique, se dessine aujourd'hui un nouveau stade, celui d'une forme de multilatéralisme dont l'émergence remontrait à une conférence sur le travail diplomatique de voisinage de 2001, mais dont l'essor a été marqué par le lancement douze ans plus tard de l'initiative dite « des nouvelles routes de la soie » (voir *infra*). Comment comprendre cette coopération multilatérale (*duobian hezuo*) chinoise ?

Un document programmatique signé en 2015 par la Commission nationale du développement et de la réforme, le ministère du Commerce et le ministère des Affaires étrangères[3], après avoir rappelé l'importance des coopérations bilatérales, cite des exemples de coopérations multilatérales, mais ne propose aucune innovation institutionnelle suggérant des formes nouvelles de coopération ; aussi les coopérations triangulaires (par exemple, entre un pays africain, la Chine et un troisième pays comme la France, le Maroc, le Royaume-Uni…) doivent être comprises comme des *coopérations bilatérales* franco-chinoises, sino-marocaines… *sur un marché tiers* (en l'occurrence un pays africain). Même si la déclaration relative à la politique africaine de la Chine[4] rappelle que ces coopérations doivent être menées sur la base du principe dit « l'Afrique propose, l'Afrique consent, l'Afrique conduit » (*Feizhou tichu, Feizhou tongyi, Feizhou zhudao*), il apparaît clairement que ces coopérations bilatérales sur un marché africain pourraient ne pas être conçues au bénéfice prioritaire de l'Afrique. Aussi, ne doit-on pas être surpris que la démarche animant toute coopération économique mise en place par la Chine dans les pays africains puisse

---

[3] « Tuidong gong jian sichou zhi lu jingji dai he 21 shiji haishang sichou zhi lu de yuanjing yu xingdong » [Perspectives et initiatives pour promouvoir ensemble la construction d'une route de la soie, ceinture économique, et une route de la soie maritime du XIXe siècle], http://www.gov.cn/xinwen/2015-03/28/content_2839723.htm

[4] Texte en chinois : http://www.focac.org/chn/ltda/dwjbzzjh_1/t1321590.htm ; texte en français : http://www.focac.org/fra/zfgx/dfzc/t1321596.htm

apparaître essentiellement "characterized by a business oriented 'win-win' economic cooperation" pour citer Anna Katharina Stahl[5].

Cette observation est rendue d'autant plus flagrante que l'expression « coopération économique » (*jingji hezuo*) en chinois inclut tous les échanges économiques aussi bien ceux à caractère non lucratif (dons et financements à taux préférentiel) que ceux à caractère lucratif (importations et exportations de marchandises et de services, investissement direct)[6]. À cette définition s'oppose celle plus habituelle en Occident d'une politique d'*aides* publiques à caractère économique et financier inscrites au budget d'un(de) pays développé(s) pour servir au développement de pays tiers. Il n'est donc pas étonnant que la politique d'aide chinoise semble s'opposer frontalement aux pratiques des membres du Comité d'aide au développement de l'OCDE (CAD)[7] et que la préoccupation mercantiliste apparaisse primer dans la coopération chinoise avec les pays en développement[8].

---

[5] Anna Katharina Stahl. "Fostering African Development, Governance and Security through Multilateral Cooperation between China and Western Donors: The Case of the China-DAC Study Group" *in* Mulugeta G. B. and Liu H. (éds.) *China-Africa Relations: Governance, Peace and Security*, Institute for Peace and Security Studies (Addis-Ababa University) and Institute of African Studies (Zhejiang Normal University), 2013, p. 80.

[6] Ainsi, le train transportant à titre purement commercial des marchandises entre Wuhan et Lyon en avril 2016 a été décrit comme un exemple de coopération économique entre les pays d'Europe, d'Asie et de la Chine.

[7] Voir Jean-Jacques Gabas *et al.* « Nouveaux regards sur la coopération pour le développement et ses transformations », *Mondes en développement*, 2014, n° 165, p. 7-22.

[8] Voir Johanna Malm. "When Chinese development finance met the IMF's public debt norm in DR Congo", PhD Dissertation, Roskilde University (Denmark), 2016.

La pratique des deux « catégories de prêts à taux bonifiés » (*« liangyou » daikuan*) – c'est-à-dire les prêts gouvernementaux à taux préférentiels et les crédits acheteur à taux préférentiels – reflète bien l'ambiguïté entretenue entre aide et commerce. De fait, dans les deux cas, il s'agit de prêts véritablement *commerciaux* liés à l'achat d'équipements chinois et de services chinois même si le bonus est considéré par la Chine comme un don relevant de l'aide au développement. La France (comme les autres pays membres du CAD) fait des prêts à taux bonifié dans le cadre de son aide au développement, mais ses prêts ne sont pas liés à l'achat de produits français, tant et si bien que des projets africains remportés par des entreprises chinoises ont pu être financés par des prêts bonifiés de l'AFD. Considérons la situation en 2015 pour les deux principaux anciens pays colonisateurs, la France et le Royaume-Uni : 99 % des prêts octroyés par la France au titre de l'aide à projet n'étaient pas des prêts liés ; le Royaume-Uni n'ayant déclaré que des dons, ce taux de l'aide non liée est donc de 100 %[9].

La Chine proclame que son comportement se différencie de celui des anciens pays colonisateurs en ce sens qu'il n'y aurait pas de conditions *politiques* imposées. Or, Abdoulaye Thiam rapporte que Xie Ping (vice-président du groupe Exim Bank) aurait déclaré que « l'Exim Bank Chine est satisfait[e] des mesures prises par le chef de l'État [sénégalais] au bénéfice des populations. Il a dit que cette attitude les encourage dans leur démarche »[10]. En d'autres termes, il s'agit bien d'une ingérence très « occidentale » qui prend en compte la gouvernance pour

---

[9] Voir la base de données en ligne de l'OCDE à http://stats.oecd.org

[10] Abdoulaye Thiam. « Exim Bank Chine va financer davantage l'économie sénégalaise », *Le Soleil*, 5 février 2017, http://www.lesoleil.sn/2016-03-22-23-17-43/item/69429-exim-bank-chine-va-financer-davantage-l-economie-senegalaise.html

attribuer des financements, partant garantir l'efficacité et la sécurité des sommes engagées par la banque. Cela ne doit pas étonner puisque la Chine s'inquiète désormais de la rentabilité de son aide[11]. Si l'esprit de Bandung nourrit toujours les discours, il a toutefois été revisité au profit de considérations plus prosaïques et s'accommode désormais sans vergogne ni sans aucun prétexte tiers-mondiste de l'esprit du capitalisme.

2. L'Afrique et les nouvelles routes de la soie

L'année 2003 a été marquée par la création d'un nouveau ministère du Commerce – généralement désigné par l'acronyme anglais MOFCOM pour Ministry of Commerce – qui regroupe les fonctions des ministères et bureaux antérieurement chargés du Commerce à l'intérieur comme à l'extérieur ainsi que des échanges et des coopérations économiques et techniques avec l'étranger. Un des premiers actes forts de ce ministère a été entre autres de mettre en place un appareil statistique pour suivre l'investissement direct des grandes entreprises publiques à l'étranger. De cette évolution institutionnelle date l'importance acquise par le MOFCOM qui tend à jouer un rôle si prépondérant qu'il en éclipse souvent le ministère des Affaires étrangères en particulier quand il accompagne les entreprises dans leur internationalisation[12]. Si on lit les

---

[11] Voir *inter al.* Han Xiuchen. « Xin shiqi woguo duiwai yuanzhu fazhan zhanlüe » [Stratégie pour une nouvelle ère de développement de l'aide chinoise à l'étranger], *Guoji shangbao* [International Business Daily], 8 & 13 octobre 2015, http://www.caitec.org.cn/article/xsyj/wz/201602/1577.html

[12] Voir *inter al.* Sun Yun. *Africa in China's Foreign Policy*, Brookings, 14 avril 2014, https://www.brookings.edu/research/papers/2014/04/10-africa-china-foreign-policy-sun

statistiques d'investissement chinois réunies spécifiquement par le MOFCOM pour révéler les pays concernés par les « nouvelles routes de la soie », il est clair que l'Afrique n'en fait pas partie – à l'exception de la seule Égypte à cause du canal de Suez. Ces destinations privilégiées cumulent en 2016 des flux plus de six fois supérieurs à ceux destinés à l'Afrique et des stocks trois fois supérieurs[13].

Au cours des dix premiers mois de l'année 2017, les statistiques publiées le 2 novembre par le MOFCOM[14] montrent que le montant des investissements non financiers dans les pays le long des nouvelles routes de la soie a été 11,2 milliards de dollars. Par comparaison, le montant des nouveaux contrats clés en main signés dans ces pays a été de 102,1 milliards de dollars, soit près de dix fois plus que l'investissement. Ce chiffre dernier représente 55,4 % de tous les contrats de ce type signés durant la même période et correspond à une série de 5 946 contrats. La stratégie chinoise est d'abord une stratégie commerciale : vendre des services et des biens produits en Chine. Or, l'Afrique, dans cette perspective commerçante, ne pèse qu'un poids très limité : en 2016, la vente d'articles manufacturés[15] aux 54 pays africains par la Chine ne représente que 3,4 % de ses ventes de ces mêmes marchandises tous marchés confondus. Aussi, n'est-il pas étonnant que, la même année, le débit de conteneurs de tous les ports afri-

---

[13] Voir *2016 Nian zhongguo duiwai zhijie touzi tongji gongbao* [Communiqué annuel du MOFCOM sur l'investissement direct chinois à l'étranger (2016)], 2017, p. 45 *sqq*, http://fec.mofcom.gov.cn/article/tjsj/tjgb/201711/20171102669889.shtml

[14] Voir http://fec.mofcom.gov.cn/article/fwydyl/tjsj/201711/20171102674821.shtml

[15] Classes 5 à 8 moins 667 et 68 de la CTCI (Classification type pour le commerce international de la CNUCED).

cains n'ait été que de 4 % du trafic mondial. L'Afrique avec 1,2 milliard d'habitants, soit 16 % de la population mondiale, n'est qu'un marché en puissance qui, à ce titre, ne justifie aucune priorité[16].

Un article du 8 septembre 2017 paru dans *Le Rapporteur économique du XXIe siècle* a rapporté les propos de Ou Xiaoli (inspecteur au Bureau du développement de l'Ouest à la Commission du développement et de la réforme) qui soulignait que les incitations à emprunter les nouvelles routes de la soie étaient destinées aux entreprises chinoises à capitaux privés[17]. Il insistait sur la nécessaire vigilance dont ces dernières devaient faire preuve pour apprécier les risques ; il leur conseillait de privilégier l'Asie du Sud-Est, car mieux connue, ne seraitce que parce que la Chine a avec cette région des relations terrestres et maritimes directes, des relations économiques anciennes et étendues, mais aussi parce que de nombreux Chinois y résident depuis des générations. L'Europe de l'Est n'est pas à négliger pour autant ; toutefois, elle intéressera davantage les entreprises plus pour son marché que pour ses opportunités d'investissement. En revanche, les pays africains et leur situation politique souvent instable n'étaient clairement pas une destination encouragée[18].

---

16 Calculs à partir de la base de données en ligne de la CNUCED à http://unctadstat.unctad.org

17 En chinois *minying qiye* ou *minqi* ; le concept ne s'identifie donc pas à ce que l'on entend généralement par « entreprise privée ». Ce sont ici des sociétés de capitaux dont l'origine est totalement, partiellement, voire aucunement publique.

18 Voir Zhou Xiaoxiao. « Minqi "yidai yilu" yanxian zenme touzi: Zhuanjia jianyi shouxuan dongnanya shi » [Comment investir dans les pays le long des nouvelles routes de la soie : un expert conseille de privilégier l'Asie du Sud-Est], *21 shiji jingji baodao* [Le Rapporteur économique du XXIe siècle], 8 septembre 2017, http://epaper.21jingji.com/html/2017-09/08/content_70140.htm

En revanche, Wei Jianguo – ancien vice-ministre du Commerce et actuel vice-président d'un laboratoire d'idées chinois[19] – développe une vision beaucoup plus géopolitique qui bouscule l'approche mercantiliste de Ou Xiaoli. Il considère que la stratégie des nouvelles routes de la soie (qu'il qualifie tantôt d'« initiative marquante », d'« initiative internationale ») est la forme que revêt la troisième vague de réformes chinoises allant toujours dans le sens d'une plus grande internationalisation de la Chine après celles lancées en 1978 (ouverture initiale) et en 2001 (entrée à l'OMC). Or, il constate que le monde est actuellement dominé par l'unilatéralisme des États-Unis de Trump et le protectionnisme de l'Union européenne – à laquelle il s'en prend assez violemment dans un autre texte[20]. Dans ce contexte, la Chine n'aurait d'autre choix que de s'allier avec l'Afrique, partant d'apparier l'initiative des nouvelles routes de la soie et l'Agenda 2063 de l'Union africaine. Ce faisant, la Chine et l'Afrique s'uniraient et deviendraient plus puissantes[21].

Même si le Maroc et la Chine ont signé le 17 novembre 2017 un « mémorandum d'entente pour promouvoir ensemble la construction des nouvelles routes de la soie »[22], il faudrait se garder d'en donner une interprétation épousant les thèses de Wei Jiangguo. À la lecture du

---

[19] China Center for International Economic Exchanges, http://www.cciee.org.cn/

[20] En anglais à http://english.cciee.org.cn/Detail.aspx?newsId=14026&TId=44

[21] Wang Erde. « Wei jianguo, "yidai yilu" kaichuang zhong, fei hezuo de xin shida » [Wei Jianguo : les nouvelles routes de la soie ouvrent une nouvelle ère pour la construction de la coopération sino-africaine], *21 shiji jingji baodao* [Le Rapporteur économique du XXIe siècle], 28 août 2017, http://epaper.21jingji.com/html/2017-08/28/content_69404.htm

[22] Voir https://news.sina.cn/gn/2017-11-17/detail-ifynwxum3181050.d.html

communiqué officiel, qui n'assure qu'un service minimum, plusieurs faits sont à noter d'emblée :

- C'est un mémorandum d'entente, c'est-à-dire un texte qui affirme une convergence de vues et d'intentions, mais qui ne fixe aucunement des objectifs impliquant un engagement juridique des parties.
- Par suite, c'est un texte avant tout politique, nullement économique, ce que renforce le fait qu'il ait été signé avec le ministère [chinois] des Affaires étrangères et non avec le MOFCOM. Si l'inclusion dans la stratégie des nouvelles routes de la soie est donc ici avant tout *politique*, elle pas moins significative d'une certaine évolution.
- Enfin, dans le communiqué, il est déclaré que le Maroc est « le premier pays arabe du nord-ouest de l'Afrique à signer » – « arabe », mais non pas « africain ».

Au-delà de l'enthousiasme quelque peu démesuré de la presse marocaine pour cet événement, il reste que le Maroc témoigne d'un dynamisme tant politique qu'économique qui le met un peu à part des autres pays africains.

Lors du « Premier forum de l'initiative "Belt and Road" pour la coopération internationale » qui s'est tenu à Pékin les 14-15 mai 2017, seuls deux hauts responsables africains étaient présents, le Président du Kenya Uhuru Kenyatta et le Premier ministre d'Éthiopie Hailé Mariam Dessalegn. Ces deux pays sont les seuls pays africains à avoir signé l'« accord sur les échanges culturels intergouvernementaux que la Chine a signé avec une soixantaine de pays le long des nouvelles routes de la soie »[23] les inté-

---

[23] Voir

grant *ipso facto* dans ces nouvelles routes de la soie. Assez étonnamment, Djibouti ne semble pas avoir signé un tel document alors que sa situation et son rôle suggèrent une appartenance certaine.

Figure 2. – Les routes électroniques de la soie

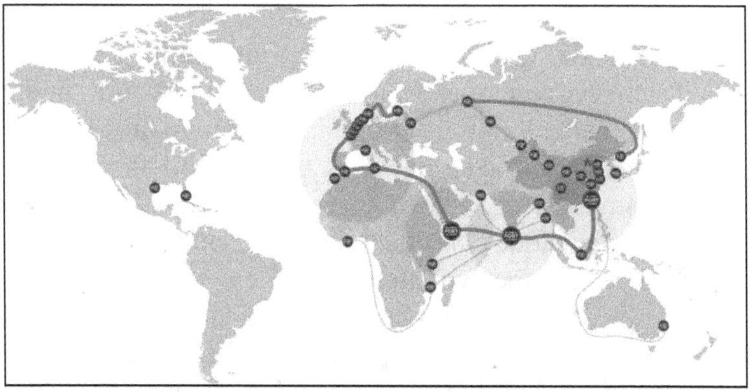

Sources : http://www.izptec.com/fr/index.php?m=content&c=index&a=lists&catid=8

Notes : Les principales plates-formes sont Hong Kong, Sri Lanka (Colombo) et Djibouti comme le signalent les cercles les plus gros. Les cercles grisés signalent les zones de chalandise.

La carte de la figure 2 reproduit les implantations d'IZP à travers le monde et rappelle les cartes classiques retraçant les routes terrestres et maritimes de la soie sauf qu'apparaissent certaines extensions peu habituelles, dont celle se poursuivant jusqu'à Lomé. À Djibouti, l'élément le plus frappant est la présence d'IZP (China) Network Technologies Co au capital (8,2 % des parts) de la coentreprise chinoise majoritaire (60 %) dans la structure chargée de gérer le port et la zone franche de Djibouti. IZP est l'entreprise qui a été chargée de créer et de gérer, sous

http://tradeinservices.mofcom.gov.cn/article/yanjiu/hangyezk/201705/42745.html

la tutelle de la Commission nationale pour le développement et la réforme, un centre de gestion des métadonnées (*big data*) en rapport avec les nouvelles routes de la soie. IZP et le groupe China Merchants ont constitué la Silk Road E-Merchants[24], pour former une plate-forme pour une *Alliance globale des ports*[25] qui regrouperait d'ores et déjà 29 ports et 55 terminaux ayant une capacité de 80 millions de conteneurs standards. L'objet de cette alliance est de créer un écosystème intégrant l'administration des ressources portuaires, l'organisation d'un système d'informations géographiques, l'usage d'Internet, la gestion des métadonnées (*big data*), le dédouanement et toutes les opérations facilitant la commercialisation moderne des produits chinois et leur paiement. Cette dernière opération est organisée à travers deux structures – toutes deux filiales d'IZP – assurant un paiement directement en monnaie chinoise après que des accords de *clearing* aient été signés avec des banques centrales étrangères : la Globelbill qui est la plus grande plate-forme chinoise de paiement transnational à un tiers et la International Business Settlement[26] (IBS) qui se consacre à l'internationalisation de la monnaie chinoise « tout en bâtissant des infrastructures financières efficaces et directes de *clearing* dans le but de construire une autoroute financière pour la globalisation des commerces chinois »

---

[24] Voir http://www.eportalliance.com/en/about.html

[25] En anglais : Global Port Alliance ; en chinois : *quanqiu gangkou lianmeng*. Il convient de noter que le site d'IZP est non seulement rédigé en anglais, mais aussi en français, mais encore en russe et en arabe (http://www.izptec.com).

[26] IBS est enregistrée aux Bermudes et cotée à la bourse de Hong Kong depuis 1988
(http://www.irasia.com/listco/hk/ibsettlement/index.htm).
Ses principaux actionnaires sont IZP, la Municipalité de Chongqing et le groupe China Merchants (http://www.ibsettlement.com/fr/index.php?m=content&c=index&a=lists&catid=79).

ainsi que l'expose l'IBS dans sa présentation[27]. Aujourd'hui en Afrique, IZP gère trois plates-formes portuaires intégrées (Djibouti, Lomé et Casablanca) et un « relais de poste de la route de la soie » (Djibouti). Cette subjugation qu'exerce Djibouti sur la Chine[28] est encore affirmée par les conventions signées fin 2016, dont notamment celles relatives à la création à Djibouti du siège social de la Banque internationale de la route de la soie, du Centre financier de l'Afrique de l'Est et de l'Africa Big Data Center[29].

Nous ne dirons rien de la base militaire chinoise dont la logique relève plus de la politique ou de la diplomatie que d'une stratégie entrepreneuriale, même si tous convergent pour favoriser les échanges commerciaux de la Chine. Toutefois, nous remarquerons qu'en construisant et renforçant l'image de la Chine en Afrique, elle prélude à un renforcement de la diplomatie qui conduirait à redéfinir les rapports entre le ministère des Affaires étrangères et le ministère du Commerce[30]. Ce dernier aurait plutôt favorisé des actions économiques rentables à plus ou moins court terme tandis que le premier impulserait des actions politiques à plus ou moins long terme. La redéfinition du rôle du second aboutirait à formuler une stratégie économique

---

[27] Voir http://www.ibsettlement.com/fr/index.php?m=content&c=index&a=lists&catid=58

[28] L'importance commerciale de Djibouti est confirmée par Huawei Marine qui se propose, avec le soutien de la China Construction Bank, d'installer un câble sous-marin – le Pakistan East Africa Cable Express (PEACE) – reliant Gwadar et Karachi au Pakistan à Djibouti et au Kenya avant d'être prolongé vers l'Égypte et l'Afrique du Sud.

[29] Voir http://www.fmprc.gov.cn/zflt/fra/zfgx/jmhz/t1416172.htm

[30] Peter Martin, Keith Zhai et Ting Shi, "As U.S. Culls Diplomats, China Is Empowering Its Ambassadors", *Bloomberg News*, 7 février 2018, https://www.bloomberg.com/news/articles/2018-02-08/26-year-old-woman-who-doesn-t-code-creates-asia-s-hottest-game

mieux ancrée dans le long terme avec une perspective plus globale – moins sélective des destinations. Bref, nous assisterions à une globalisation – plus qu'une mondialisation – des nouvelles routes de la soie que préfigure l'activité d'IZP déjà présente en Amérique du Sud (Brésil, Colombie, Équateur et Venezuela).

3. Des relations déséquilibrées[31]

Au moment où Pékin réunissait les 14 et 15 mai 2017 une conférence internationale sur la mise en œuvre de sa stratégie des nouvelles routes de la soie (voir *supra*), le Président du Kenya, Uhuru Kenyatta, accordait une interview au *Financial Times* dans lequel il faisait part – comme l'ont fait pour le compte de l'Europe certains représentants européens à la conférence – de son inquiétude face au déséquilibre des échanges sino-africains[32] (Pilling, 2017). Le Président Kenyatta – l'un des deux seuls chefs d'État africain (répétons-le) participant à cette conférence pourtant emblématique des desseins de Pékin – souhaitait dire aux autorités chinoises : « Si leur stratégie gagnant-gagnant doit marcher, cela doit signifier que si l'Afrique s'ouvre à la Chine, la Chine doit aussi s'ouvrir à l'Afrique. » Sinon, « nous nous retrouverons si endettés à l'égard de la Chine que nous lui serons redevables non seulement économiquement, mais encore politiquement »,

---

[31] Nous avons développé cette analyse dans « La Chine en Afrique : des relations économiques déséquilibrées », *in* Xavier Aurégan et Sophie Wintgens (éd.), *Les dynamiques de la Chine en Afrique et Amérique latine : enjeux, défis et perspectives*, Academia L'Harmattan, à paraître en 2018.

[32] David Pilling, "Kenya President urges rebalance of China-Africa trade", *Financial Times*, 14 May 2017, www.ft.com/content/947ea960-38b2-11e7-821a-6027b8a20f23

insistait Patrick Lumumba de la Kenya School of Law qui accompagnait le Président Kenyatta.

Durant une longue période allant *grosso modo* de 1995 à 2012, la balance commerciale de l'Afrique lui a été favorable et a même été largement excédentaire de 2003 à 2012 (sauf en 2009). En revanche, les quatre années 2013-2016 ont été marquées par des déficits commerciaux croissants de grande ampleur[33]. Tout au long d'une première période allant de 1995 à 2010, la balance commerciale de l'Afrique à l'égard de la Chine a été tantôt légèrement déficitaire, tantôt légèrement excédentaire, puis à partir de 2013, le déficit commercial s'est accru si considérablement qu'il a atteint 46 milliards de dollars en 2016, soit un déficit commercial équivalent à celui de l'Afrique avec le reste du Monde[34]. Cette situation résulte grandement de la composition même des exportations et des importations africaines dans le contexte d'un retournement de conjoncture. Les exportations africaines de minerais, métaux et combustibles[35] ont chuté des deux tiers, tant vers la Chine que vers le reste du Monde. Dans le même temps, les importations africaines de produits manufacturés[36] augmentaient vivement jusqu'en 2015 quand il s'agissait de produits chinois (+ 29 %) avant de se mettre à diminuer fortement l'année suivante. Cette même catégorie de produits en provenance des autres pays connaissait durant la même période une importante baisse (- 15 %) relativement à 2012. Toutes ces évolutions conjuguées conduisent à la situation actuelle où, en 2016, le déficit africain à l'égard de la Chine est égal à son déficit à l'égard des autres pays pris dans leur ensemble alors que le volume des échanges

---

[33] Au moment où nous écrivons, les chiffres pour 2017 ne sont pas disponibles sur le site de la CNUCED.

[34] Le reste du Monde égale (ici) le Monde moins la Chine.

[35] Classes 27 + 28 + 67 + 3 de la CTCI.

[36] Classes 6 + 7 + 8 – 667 – 68 de la CTCI.

de l'Afrique avec la première ne représente que 15 % du volume avec les seconds.

À côté de la balance commerciale des marchandises, il y a aussi celle des services. Les données statistiques disponibles sont celles des annuaires statistiques chinois qui ne chiffrent que le montant des prestations de services clés en main (*chengbao gongcheng*), de fait des prestations en construction d'infrastructures achevées une année donnée par les entreprises chinoises du BTP. Les données statistiques disponibles ne permettent pas de remonter à une période antérieure à 1998 pour décrire la place de l'Afrique dans la fourniture de prestations de services par la Chine. Les données disponibles suggèrent toutefois que dès le milieu des années 1990, le montant des contrats clés en main achevés une année donnée en Afrique par les entreprises chinoises pouvait atteindre deux milliards de dollars et c'est à partir de 2003 – comme pour toutes les catégories de relations économiques – que s'opère véritablement le décollage. La multiplication de vastes chantiers, la présence concomitante d'une main-d'œuvre chinoise active… tout concourt à donner le sentiment que la Chine « investit » l'Afrique. Aujourd'hui, l'Afrique est le deuxième marché de la Chine pour la fourniture de telles prestations avec 35 % du montant des contrats menés à bonne fin (*wancheng yingye'e*) entre 2003 et 2016 derrière l'Asie (48 %) : en 2016, l'Afrique a réceptionné pour 52,1 milliards de dollars de travaux (qu'ils soient acquittés à l'échéance des travaux ou à rembourser à l'échéance du prêt) alors que dans le même temps, elle n'accueillait des IDE chinois que pour un montant de 2,4 milliards de dollars, en d'autres termes, en 2016, le montant des prestations de services achevées était 25 fois supérieur au montant des IDE chinois entrant en Afrique. La taille des deux phénomènes éclaire par comparaison le rôle que l'Afrique joue pour la Chine : un marché précaire plutôt qu'un partenaire stable.

Si certains États ont pris le parti de régler comptant ces prestations de services – c'était le cas de l'Algérie tant que ses hydrocarbures lui assuraient une rente suffisante[37] –, d'autres, moins fortunés, ont préféré financer leurs investissements en infrastructures en recourant aux structures financières mises en place par la Chine[38]. La formule du crédit acheteur lié est généralement proposée aux gouvernements africains par les représentants des autorités chinoises. Un crédit acheteur est un crédit accordé à l'acheteur (ici, un gouvernement africain) par la banque du prestataire chinois (ici, une banque chinoise spécialisée comme l'ExIm Bank de Chine) pour financer une prestation de services (construction d'un barrage, d'une route, d'une voie ferrée...). Dans la pratique chinoise, l'octroi d'un tel prêt est ordinairement lié au choix d'une entreprise chinoise. Outre que plus le taux est bonifié, plus le prestataire chinois est *ipso facto* subventionné par son gouvernement, ce système offre plusieurs avantages considérables. Avant tout, il réduit grandement les risques de non-paiement pour le prestataire chinois qui est rétribué par une institution financière chinoise qui se substitue au donneur d'ordres africain. Il minimise également les risques de change puisque le prestataire est rémunéré di-

[37] Thierry Pairault, « Algérie : quelle présence économique chinoise ? » *in* Abderrezak Adel, Thierry Pairault et Fatiha Talahite (sous la direction de), *La Chine en Algérie : Approches socio-économiques*, Paris, ESKA, 2017, p. 42 *sq*.

[38] Assez rarement, les chantiers confiés à des entreprises chinoises peuvent bénéficier de financements non chinois (AFD, Banque mondiale...). Ce qui importe ici n'est pas que l'origine du financement puisse éventuellement être non chinoise, mais que ce sont bien les gouvernements africains qui, *in fine*, s'acquittent toujours de leur dette à l'égard des entreprises chinoises pour l'exécution des travaux d'infrastructure qu'ils leur ont commandée.

rectement en Chine à tempérament et à échéances convenues d'avance. Ce sont donc l'État et les institutions financières qu'il délègue qui supportent les aléas d'une opération garantie par une dette souveraine. Cette procédure, où intérêts commerciaux (publics, mais aussi privés) et relations entre États s'entremêlent, participe d'une forme de mercantilisme de connivence qui donne un sens inédit à deux principes énoncés à Bandung : le principe de non-ingérence dans les affaires intérieures des pays (*hu bu ganshe neizheng*) et celui d'égalité et de réciprocité des avantages matériels (*pingdeng huli*).

Figure 3. – Des échanges déséquilibrés

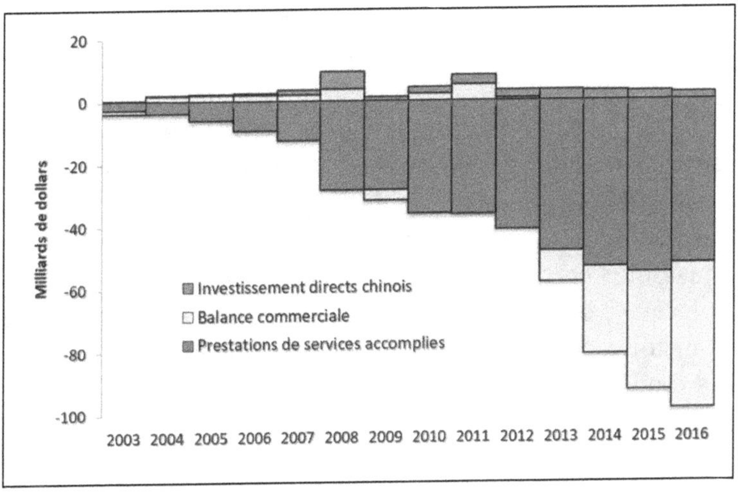

Sources : Calculs de l'auteur à partir de la base de données en ligne de la CNUCED (http://unctadstat.unctad.org) et des Communiqués statistiques sur l'investissement direct chinois à l'étranger publiés par le MOFCOM (http://fec.mofcom.gov.cn/article/tjsj/)

La figure 3 illustre la situation créée par ces échanges déséquilibrés aggravés encore par la chute des cours des matières premières. Il y a un contraste saisissant entre la faiblesse des IDE (correspondant à des flux entrants qui devraient traduire une volonté chinoise de s'implanter par des établissements durables) et l'importance croissante des déficits des balances des biens et services (correspondant à des flux sortants présents et futurs) qui manifestent, eux, que l'Afrique est d'abord et avant tout un marché, non pas tant pour garantir l'approvisionnement de la Chine, que pour assurer des débouchés à ses produits et services. Le flux annuel d'endettement constaté à la fin de chaque exercice (c'est-à-dire généré par le montant des contrats achevés au cours de l'exercice augmenté de la balance commerciale courante) est passé de 0,5 % en 2003 à 4,1 % en 2016 du produit intérieur brut (PIB).

Le modèle de développement que la Chine impose aujourd'hui à l'Afrique (c'est-à-dire assis sur des emprunts massifs et sur l'essor des exportations) avait été dénoncé dès les années 1970. Keith Griffin et Jean-Luc Enos[39], en conclusion de leur critique de ce modèle adopté par la Banque mondiale, constataient déjà que « les prêts sont octroyés dans le passé, mais leur remboursement se fait dans le futur. Ce qui est arrivé dans le passé relève de l'histoire ; ce qui surviendra dans le futur appartient à la politique ; or, il y a une grande différence entre politique et histoire. Si les prêts ont été productifs, ils auront généré les fonds pour les rembourser ; comme ils ne le sont généralement pas, il y a peu de raison d'imaginer qu'il y aurait une relation entre les deux. Comme aucune croissance ne s'en est suivie, les débiteurs peuvent considérer qu'aucune obligation n'en résulte ». C'est ainsi que le Président de Djibouti, Ismail Omar Guelleh, aurait en novembre 2017

[39] Keith Griffin et Jean-Luc Enos, "Foreign Assistance : Objectives and consequences", *Economic Development and Cultural Change*, n° 18, 1978, p. 326.

sollicité de Pékin une remise de dettes[40], tandis que le Mozambique aurait très certainement bénéficié d'une remise de dettes de 35,5 millions de dollars[41]. De la même façon, le Sri Lanka[42] aurait bénéficié de cette « diplomatie de l'endettement » (*debt-trap diplomacy*) pour reprendre l'expression de l'économiste indien Brahma Chellaney[43].

4. La Chine à l'école en Afrique

L'actuelle puissance économique de la Chine fait craindre à certains auteurs comme Arvind Subramanian[44] qu'en 2030, « le monde [ne] devienne quasi unipolaire avec une hégémonie économique chinoise ». Tant l'accroissement considérable[45] de ses dépenses militaires[46] que son ambition d'apparaître comme une puissance aimable (*soft power*) sou-

---

[40] Selon un informateur chinois qui souhaite l'anonymat, la Chine et Djibouti auraient trouvé un accord dont témoignerait la reprise des paiements par Djibouti.

[41] Ibrahima Bayo Jr., « La Chine annule 35,5 millions de dollars de dette du Mozambique », *La Tribune Afrique*, 29 octobre 2017, http://afrique.latribune.fr/economie/2017-10-29/la-chine-annule-35-5-millions-de-dollars-de-dette-du-mozambique-756026.html

[42] Kai Schultz, "Sri Lanka, Struggling With Debt, Hands a Major Port to China", *The New York Times*, 12 décembre 2017, https://www.nytimes.com/2017/12/12/world/asia/sri-lanka-china-port.html

[43] Brahma Chellaney, "China's Creditor Imperialism", Project Syndicate, 20 décembre 2017, https://www.project-syndicate.org/commentary/china-sri-lanka-hambantota-port-debt-by-brahma-chellaney-2017-12

[44] Arvind Subramanian, *Eclipse: Living in the Shadow of China's Economic Dominance*, Washington, Peterson Institute for International Economics, 2011, p. 101.

[45] Un quasi-doublement en cinq ans, de 2010 à 2015 (*Annuaire statistique de la Chine*, 2011, tab. 8-6 ; 2016, tab. 7-3)

[46] Jean-Pierre Cabestan. *La politique internationale de la Chine : entre intégration et volonté de puissance*, Paris, Presses de Sciences Po, 2015, p. 136-159.

lignent que la Chine ne serait encore qu'une « puissance partielle »[47]. Son actuel sous-développement et la pauvreté d'une partie de sa population[48] pourraient toutefois fragiliser sa puissance politique comme le rappelle le titre du livre de Susan Shirk : *China: Fragile Superpower*[49]. Pour cette auteure comme pour David Lampton[50], ce sont les vulnérabilités internes de la Chine qui restreindraient l'expression de cette puissance. Plus la Chine s'internationaliserait, plus les tensions et contradictions entre centres de décisions seraient à même de s'exacerber, partant, sinon de remettre en cause cette puissance, du moins d'en limiter l'impact et l'étendue. Sans exclure cette explication que soutient, par exemple, un certain antagonisme entre le ministère [chinois] des Affaires étrangères et le ministère [chinois] du Commerce en Afrique, ce que l'on retiendra de l'expérience chinoise au Maghreb est qu'aujourd'hui, elle illustre plus certainement un processus de socialisation – au sens des travaux d'Alastair Johnston[51]. Il ne s'agit pas seulement pour la Chine de se conformer à des normes internationales[52], voire de participer à leur élaboration[53], il

---

[47] David Shambaugh, *China Goes Global: The Partial Power*, New York, Oxford University Press, 2013 & "The Illusion of Chinese Power", *The National Interest*, 25 juin 2014, http://nationalinterest.org/feature/the-illusion-chinese-power-10739

[48] Thierry Pairault. « La Chine, les Objectifs du Millénaire pour le développement et la société de petite prospérité », *Mondes en développement*, n° 174, 2016/2, p. 135-152.

[49] Susan Shirk. *China: Fragile Superpower. How China's Internal Politics Could Derail Its Peaceful Rise*, Oxford University Press, 2017.

[50] David Lampton. *Following the Leader: Ruling China, from Deng Xiaoping to Xi Jinping*, Berkeley, University of California Press, 2014.

[51] Alastair Johnston. *Social States: China in International Institutions, 1980-2000*, Princeton, Princeton University Press, 2008.

[52] Zhu Liqun. "The Domestic Sources of China's Foreign Policy and Diplomacy", *in* Pauline Kerr, Stuart Harris and Qin Yaqing (ed.),

s'agit aussi pour ses entreprises d'un processus de socialisation par l'apprentissage, une sorte de transfert de technologie à front renversé – de l'Afrique vers la Chine –, puisque c'est en Afrique et par l'Afrique que la Chine apprend le monde. Le continent africain – moins structuré que les pays européens ou les États-Unis – procure à la Chine une plus grande liberté qui rend les apprentissages moins douloureux. Elle y apprend d'autant mieux l'altérité économique et politique que l'Afrique n'est pas un ensemble homogène.

China's "New" Diplomacy: Tactical or Fundamental Change?, New York, Palgrave Macmillan, p. 109-130.

[53] Anne Kent. "China's Changing Attitude to the Norms of International Law and its Global Impact", *in* Pauline Kerr, Stuart Harris and Qin Yaqing (ed.), *China's "New" Diplomacy: Tactical or Fundamental Change?*, New York, Palgrave Macmillan, p. 55-76.

PARTIE III

L'EUROPE FACE À LA « VOIE CHINOISE » DE LA MONDIALISATION

La tête du dragon : la présence chinoise, entre business et politique

Guilhem Fabre[*]

1. Le contexte de la nouvelle Route de la soie

L'arrivée au pouvoir de XI Jinping a marqué une nette rupture non seulement dans la politique intérieure, mais aussi dans la politique extérieure chinoise, avec le lancement, puis l'élargissement progressif du projet « une ceinture, une route » (一带一路)[1], abréviation de « La ceinture économique de la route de la soie, la route de la soie maritime du XXIe siècle » (丝绸之路经济带，二十一世纪海上丝绸之路). La ceinture se réfère à la voie terrestre et ferroviaire entre l'Europe et l'Asie, tandis que la route évoque la voie maritime entre la Chine, l'Asie du Sud-Est et du Sud, l'Afrique et l'Europe.

Ce projet marque la fin de la diplomatie profil bas de la Chine depuis le début des réformes de 1978, qui avait été résumée par le célèbre mot d'ordre de Deng Xiaoping :

---

[*] Professeur, Université Paul Valéry, Montpellier.

[1] En anglais, l'abréviation est OBOR (One Belt, One Road) plus tard appelée la Belt and Road Initiative (BRI). Le site gouvernemental chinois est le Belt and Road Portal : https://eng.yidaiyilu.gov.cn/index.htm

« Cacher son éclat et attendre son heure » (韬 光养 晦). L'heure est désormais venue. Les analyses chinoises évoquent une « période d'opportunité stratégique » jusqu'à 2020, où la Chine peut profiter d'un environnement sécuritaire bienveillant pour renforcer son pouvoir global sans causer de conflit[2].

La ceinture économique terrestre est d'abord évoquée le 7 septembre 2013, par Xi Jingping lors d'une visite officielle au Kazakhstan, et la route maritime le mois suivant, le 3 octobre, lors d'une visite officielle en Indonésie. Le projet, désormais lancé dans toutes les enceintes internationales, et cadré le 28 mars 2015, par le document conjoint de la Commission nationale du développement et de la réforme, le ministère des Affaires étrangères et le ministère du Commerce chinois[3], bénéficie de financements prioritaires : la banque centrale a transféré 80 milliards de US $ vers trois grandes banques d'État pour financer les projets OBOR, qui sont aussi soutenus par le fonds souverain chinois avec une enveloppe Route de la soie de 40 milliards de US $, et par l'Asian Infrastructure Investment Bank, fondée en 2016 avec un capital de 100 milliards de US $[4]. En mai 2017, la tenue en Chine du « Belt and Road Forum for International Cooperation 2017 » est l'occasion d'un communiqué commun signé avec un certain nombre de chefs d'État, dont le Premier ministre grec, et d'un document sur la construction con-

---

[2] "Our bulldozers, our rules: China's foreign policy could reshape a good part of the world economy", *The Economist*, July 2nd, 2016.

[3] https://baike.baidu.com/item/推动共建丝绸之路经济带和21世纪海上丝绸之路的愿景与行 动 /17010381 (Promote the construction of the Silk Road Economic Belt and the vision and action of the maritime Silk Road in twenty-first Century).

[4] *Ibidem*, *The Economist*, July 2nd, 2016.

jointe de la nouvelle route de la soie et la contribution chinoise[5].

Il montre à quel point le projet de Route de la soie, notamment son volet maritime, est à géométrie variable, puisqu'une centaine de pays sont signalés comme potentiellement intéressés par le projet, y compris en Amérique latine où des accords sont signés.

Une carte du projet OBOR, publiée sur le site gouvernemental chinois, montre en fait que, hormis l'Amérique du Nord, toutes les zones du monde sont potentiellement concernées. L'espace est même inclus comme dernière frontière, avec le lancement pendant l'été 2018 du projet « Route spatiale de la soie » qui vise à augmenter le développement économique de la Beltand Road Initiative (BRI) en fournissant avec *Beidou* des services de communication, d'imagerie et de diffusion par satellites, concurrençant à l'horizon 2020 le GPS américain, géré par l'US Air Force, le système Galileo européen et le système russe GLONASS[6].

L'ensemble du projet de la route de la soie, sur terre ou maritime, concerne pour l'instant 65 pays d'Asie d'Europe et d'Afrique, représentant 29 % du PIB mondial. Il s'agit essentiellement de faciliter le commerce, l'investissement et les échanges culturels dans cet ensemble. L'impact s'est déjà fait sentir puisque le commerce entre la Chine et les

---

[5] http://www.beltandroadforum.org/english/n100/2017/0516/c22-423.html

[6] Ian Hutchinson. "Belt and Road : The final frontier", *China Business Review,* August 10, 2018 : http://www.chinabusinessreview.com/belt-and-road-the-final-frontier/; BBC : 20 sept. 2018 : https://www.bbc.com/news/technology-45471959

pays signataires a atteint 1, 1 trillion de US $ en 2017, soit 15 percent de plus que l'année précédente[7].

Les motivations chinoises sont autant d'ordre géopolitique : renforcer la présence et l'influence de la Chine au niveau mondial, que géoéconomique : désenclaver tout l'Ouest chinois moins développé (Xinjiang, Gansu, Tibet, Sichuan, Yunnan) ; diversifier ses approvisionnements énergétiques (gaz et pétrole), en Asie centrale et en Russie ; exporter les compétences chinoises en matière d'infrastructures routières, ferroviaires et énergétiques, en créant de multiples corridors d'échanges (Chine-Pakistan, Yunnan-Singapour) ; recycler les surcapacités industrielles chinoises dans les secteurs de l'acier et du ciment et exporter les standards d'innovation chinois, non seulement dans l'industrie ferroviaire et l'énergie, mais aussi dans les télécommunications, avec des sociétés en pointe comme Huawei ou ZTE, permettant d'influencer à terme, en liaison avec les majors du BAT (Baidu, Ali baba, Tencent), l'Internet, le e-commerce et l'ensemble des services liés. Si la route terrestre de la soie a été largement discutée10 et médiatisée, avec notamment le lancement de la ligne ferroviaire Chongqing-Duisbourg, où environ 80 % des trains venant de Chine font leur premier arrêt en Europe11, l'attention s'est focalisée jusqu'à présent sur la nouveauté de la voie terrestre, en analysant son impact sur l'Asie centrale[8], et en négligeant quelque peu la voie maritime.

---

[7] Cf. le site OBOR de la HSBC : https://www.business.hsbc.com/en-gb/belt-and-road

[8] Cf. notamment : Richard Ghiasy & Jiayi Zhou. *The silk road economic belt : Considering security implications and EU-China cooperation prospects*, Stokholm International Peace Reserach Institute and Friedrich Ebert Stiftung, 2017, 76 p ; Simeon Djankov & Sean Miner. *China's belt and road initiative : motives, scope, and challenges* Peterson Institute for International Economics, Washington, March 2016, 34 p. ; Christopher K. Johnson. *President*

Or, la voie maritime, qui part des côtes chinoises et aboutit à Athènes et Venise, est essentielle pour plusieurs raisons.

En premier lieu, toute puissance globale s'est historiquement construite sur les mers, sur le plan du commerce comme sur celui de la défense. En second lieu, la part dominante du fret chinois transite par voie maritime (59 %), le fret aérien (22 %) et la route (18 %). Les voies ferrées sont en position très minoritaire (moins de 1 %), contrairement à ce qui existe en Europe (70 % du fret par route, 19 % par voie maritime et 8 % par voie ferrée)[9]. La prépondérance du commerce maritime est encore plus importante entre l'Europe et la Chine, en termes de valeur aussi bien que de volume. Le fret aérien vient en seconde position, surtout en termes de valeur, et le rail n'occupe que la dernière place, derrière le transport routier.

En troisième lieu, la stratégie chinoise, telle qu'elle est définie dans la « Vision pour une coopération maritime dans le cadre de l'initiative Une ceinture, une route »[10],

---

Xi Jinping's belt and road initiative : A practical Assessment of the Chinese Communist Party's roadmap for global resurgence, Center for Strategic and International Studies, Washington, March 2016, 25 p. ; Alessia Amighini (Editor). *China's Belt and Road : A game changer ?,* ISPI (Italian Institute for International Policy Studies), Milano, 2017, 148 p. ; Nadege Rolland. *China's Eurasian Century ? Political and Strategic Implications of the Belt and Road Initiative,* The National Bureau of Asian Research, 2017 ; China-Britain Business Council. *One Belt One Road : A role for UK companies in developing China's new intitiative,* London, 2015, 28 p. Jack Farchy *et al.* "One belt one road : a ribbon of rail, road and energy projects to help increase trade" *Financial Times,* September 14, 2016 : https://ig.ft.com/sites/special-reports/one-belt-one-road/

[9] Alice Garcia Hererro & Jinawei Xu. *China's Belt and Road initiative : Can Europe expect trade gains ?* Bruegel, Working Paper, Issue 5, Bruxelles, 2016, 19 p.

[10] Xinhua, June 20 2017 : "Vision for maritime cooperation under the Belt and Road initiative", http://www.xinhuanet.com/english/2017-

couvre potentiellement l'ensemble des mers du globe, y compris l'océan Arctique.

Enfin, à la différence de nombre de projets de la ceinture terrienne, au Kazakhstan ou en Croatie, qui sont encore au stade de la planification, Pékin a déjà investi massivement dans des projets de construction portuaire, de l'Asie du Sud-Est à la Méditerranée[11].

2. L'évolution des investissements et des prêts chinois est liée à la crise de la dette

L'exemple de la Grèce est assez illustratif des enjeux et des problèmes que soulèvent la nouvelle Route de la soie maritime en Méditerranée et en Europe. L'évolution des rapports sino-grecs et des investissements chinois est en effet indissociable du contexte de la crise de la dette grecque et des plans d'austérité imposés par les bailleurs de fonds de l'Union européenne.

Du point de vue de la Chine, premier exportateur mondial et numéro un de la construction navale, la Grèce a une position particulière, dans la mesure où sa marine marchande est au premier rang mondial. En 2015, les armateurs grecs contrôlaient 16 % de la flotte mondiale de vraquiers et porte-conteneurs, et environ un quart des pétroliers géants. La flotte marchande grecque assure une large part des importations chinoises de pétrole, qui ont dépassé celle des USA, et plus de la moitié du commerce chinois de matières premières. La construction navale est un champ de coopération privilégié, dans la mesure où les commandes grecques dans les chantiers navals chinois

---

06/20/c_136380414.htm ; Kristin Huang. "Will the Artic be the next stop on China's".

[11] Bernhard Zand. "China's high seas ambitions", *Spiegel Online*, 17/07/2018 ; Duchatel & Duplaix. "Blue China", rapport cité.

s'élevaient à 495 navires (2014), soit 10 % des commandes mondiales[12].

À la fin 2017, le volume total des investissements directs étrangers (IDE) chinois en Grèce est de l'ordre de 1,2 milliard d'euros, selon le Rhodium Group et le Mercator Institute for China Studies, des chiffres assez proches du ministère chinois du Commerce extérieur (MOFCOM : 1,1 milliard d'euros en juin 2017) ou de l'ambassade chinoise en Grèce (1,4 milliard en octobre 2017). Mais si l'on intègre certains prêts bancaires, qui rendent mieux compte de l'influence chinoise, le stock des IDE chinois dépasserait en 2017 les 4 milliards d'euros selon une étude commandée par l'EBRD[13]. Ceci placerait donc la Chine à la deuxième place des investisseurs étrangers en Grèce, entre l'Allemagne et la France, au lieu d'être à la dernière place du « top ten », si l'on s'en tient aux données de la Banque de Grèce.

Dans cette hypothèse, les investissements chinois en Grèce se rapprocheraient de ceux effectués au Portugal à la fin 2017. Mais indépendamment de leur volume, ce qui est le plus intéressant, dans le cas de la Grèce, est à la fois le lien étroit de ces investissements avec la crise de la dette et leur caractère stratégique.

---

[12] Plamen Tonchev. "Greece and China: Discovering each other at last ?", p. 37, *in* Miko Uatori *et al.* (Ed.) *Mapping China EU relations, A bottom-up approach,* European Think Tank Network on China (ETNC), October 2015.
http://www.iai.it/sites/default/files/2015_etnc_report.pdf

[13] Plamen Tonchev et Polyxemi Davarinou. *Chinese Investment in Greece and the Big Picture of Sino-Greek Relations,* Institute of International Economic Relations, Dec. 2017, p. 14 ; Jens Bastian. "The potential for growth through Chinese infrastructure investments in Central and South EasternEurope along the Balkan Silk Road", EBRD, Athen and London, July 2017 :
https://www.ebrd.com/news/2017/what-chinas-belt-and-road-initiative-means-for-the-western-balkans.html

En octobre 2009, un an après le début de la crise mondiale démarrée aux États-Unis, Gheórghios Papandhréou, le leader du Parti socialiste grec, remporte les élections législatives et révèle que la comptabilité publique grecque a été falsifiée (sur les conseils de la Banque d'affaires Goldman Sachs) et que le déficit n'est pas de 6 % mais de 12,7 % du PIB. La note de la Grèce chute immédiatement sur les marchés financiers internationaux, et les taux d'intérêt sur emprunts d'État s'envolent.

En avril 2010, la dette publique atteignant 35 milliards d'euros (150 % du PIB) et la politique mise en œuvre étant inopérante, la Grèce obtient une première aide de 110 milliards d'euros de l'UE et du FMI sur 3 ans, en contrepartie de mesures d'austérité drastiques : augmentation de la TVA à 23 %, gel du salaire des fonctionnaires, hausse des impôts, privatisations d'entreprises publiques, etc.

En octobre 2011, l'économie et les finances grecques continuent de se détériorer devant ce plan contra cyclique, avec une récession qui représente -9,1 du PIB (Eurostat). Une deuxième tranche de prêt de 130 milliards d'euros est engagée par la zone euro, sur la base d'un effacement de 50 % de la dette contractée auprès des banques privées, en échange de mesures financières encore plus strictes. Papandhréou est contraint à démissionner le mois suivant.

Il est remplacé par Lucas Papadémos, un économiste de la BCE qui assure l'intérim, et met en place le plan de rigueur souhaité, avec une réduction du salaire minimum de 876 à 683 euros par mois et de 12 % des retraites. Le pays propose de réduire son endettement de 160 à 120 % du PIB d'ici 2020, le défaut de paiement est évité.

En juin 2012, Samaras devient Premier ministre d'une coalition droite-gauche, la deuxième tranche d'aide de 130 milliards d'euros est débloquée en contrepartie d'un nouveau budget d'austérité. La dette publique atteint

1,70 % du PIB, mais la récession s'amenuise (-7,3 du PIB en 2012, -3,2 % en 2013, -0,7 % en 2014, -0,3 en 2015) et le pays peut se refinancer sur les marchés financiers en 2014. En janvier 2015, Alexis Tsipras est nommé Premier ministre. Issu de Syriza, une coalition de la gauche radicale, il a été élu sur la promesse de renégocier les accords de la Grèce avec ses bailleurs de fonds qui ont plongé le pays dans la plus grave crise qu'il ait connue depuis la Seconde Guerre mondiale : le chômage atteint 25 % de la population active, 45 % chez les jeunes, la récession a touché la moitié des commerces qui ont dû mettre la clé sous la porte, les coupes de salaire, de retraites et de dépenses publiques ont provoqué une crise humanitaire dans un pays où les aides sociales sont pratiquement inexistantes.

Les négociations avec l'UE et les créanciers aboutissent à un plan d'aide dont les conditions sont soumises à un référendum fin juin 2015 (61 % de NON), mais alors qu'on évoque de plus en plus le risque de « Grexit », la renégociation de la dette, lors d'un sommet de chefs d'État européen le 13 juillet 2015, débouche sur le principe d'un troisième plan d'aide de 86 milliards d'euros, en échange d'un retournement de la politique de Syriza, d'une réforme des retraites allongeant la durée des cotisations, et du lancement d'une politique de privatisation massive des actifs publics sous l'égide de la *Hellenic Republic Asset Developement Fund* (HRADF), accompagnant plus d'une centaine de mesures de rigueur officiellement intitulées « programme d'ajustement macroéconomique »[14]18.

C'est dans ce contexte politique et social très instable et ce climat extrêmement tendu avec l'Union européenne et

---

[14] Calliopi Tragranides. « Le partenariat stratégique sino-grec dans le cadre de la Route de la soie maritime du XXIe siècle », Mémoire de Master 1, Études chinoises, sous la direction de Gilles Guilheux, Université Paris Diderot, 2018. p. 56-59. Plamen Tonchev, Rapport cité, 2017, p. 27.

les bailleurs de fonds que se développe petit à petit un partenariat sino-grec. Au début de la crise de la dette, la Chine, sollicitée par le Premier ministre Gheórghios Papandhréou, ancien président de l'internationale socialiste, a investi 6 milliards d'euros dans la dette publique grecque. Cinq ans plus tard au début 2015, le Premier ministre Alexis Tsipras s'attendait à ce que la Chine s'engage sur un prêt important pour alléger la dette publique, mais il n'obtint de Pékin qu'un achat très prudent de 100 millions de US $ de bons du Trésor[15].

La crise de la dette et la réponse très rude des bailleurs de fonds européens ont pour effet de diminuer massivement l'épargne et l'investissement (taux d'épargne net des ménages et formation brute de capital fixe, 2008-2015 : chiffres OCDE, 2017). Dans un contexte de chute très importante du prix des actifs, privés ou publics, l'investissement étranger prend le relais, en bénéficiant de cette opportunité d'affaires sans précédent. Les actifs publics sont les premiers concernés par les politiques de privatisation, devant le déficit abyssal. C'est dans ce contexte de grande vulnérabilité de l'économie et de la société grecque qu'interviennent les IDE.

3. « La tête du dragon » ou l'investissement chinois phare dans le port du Pirée

En 2009, en dépit de l'opposition très forte des syndicats de dockers et d'une partie importante de la classe politique grecque, la compagnie COSCO, troisième transporteur maritime mondial (après APM Maersk et Mediteranean Shg Co.) obtient, à la suite de longues négo-

---

[15] George N. Tzogopoulos, http://chinaandgreece.com/china-bought-greek-sovereign- bonds-worth-6bn-euros-beginning-crisis/ ; Plamen Tonchev, *op. cit.*, 2017, p. 49.

ciations, la gestion des terminaux II et III du port de conteneur du Pirée, le quai I restant géré par la compagnie d'État, Piraeus Port Authority (PPA) pour un paiement initial de 50 millions d'euros, et des investissements importants visant à augmenter les capacités du port.

En 2016, dans le nouveau contexte du programme de privatisation accéléré imposé par les bailleurs de fonds européens, COSCO signe un accord qui lui donne 51 % des parts du PPA, pour 280,5 millions d'euros, et à terme 16 % de plus de parts d'ici 2021, si COSCO investit 350 millions d'euros dans le port d'ici cette date et verse un complément de 88 millions d'euros.

Le but de COSCO est dans un premier temps de transformer le port du Pirée en tête de pont du commerce chinois vers l'Europe du Sud et de l'Est et en plate-forme de transbordement vers les autres ports de la Méditerranée orientale, et dans un deuxième temps depuis 2016, en port d'attache de l'industrie des croisières en Méditerranée, capable d'accueillir 14 navires de croisières à la fois, dont quatre géants, et plusieurs millions de touristes par an. COSCO envisage aussi des docks de réparation navale pour des navires jaugeant plus de 80 000 tonnes. Transbordement pour des navires plus réduits. L'intérêt de la Méditerranée pour le transport maritime global s'est accentué avec l'élargissement du canal de Suez en 2015, qui a permis de doubler la circulation des navires sur 72 de ses 193 km avec l'élargissement de 37 km de voie initiale et le creusement d'une nouvelle voie sur 35 km. La réduction du temps de traversée est de 20 à 11 heures dans un sens et de 8 à 3 heures dans l'autre, et l'on s'attend à un doublement du trafic entre 2015 et 2024. Ces travaux s'inscrivaient eux-mêmes dans un contexte de décuplement des exportations chinoises vers l'UE, de 33 à 338 milliards entre 1999 et 2016. La Méditerranée représenterait environ 35 % des flux maritimes de conteneurs chinois vers l'Europe[16].

La taille des porte-conteneurs de plus en plus grande crée en effet une demande de tendance à toute chance de s'accentuer en fonction des économies de transports réalisées. Un conteneur chargé à Shanghai coûte environ 100 $ de moins s'il est destiné à un port de Méditerranée par rapport à un port d'Europe du Nord[17], le temps de transport est réduit d'une semaine, et l'économie pour un porte-conteneurs est estimée au moins à 2 millions de US $[18].

Mais l'intérêt de la Méditerranée ne se réduit pas à ce corridor maritime entre la Chine et l'Europe. Les porte-conteneurs géants sur le trajet entre la Chine et la côte est des États-Unis empruntent de plus en plus le canal de Suez, le canal de Panama n'étant pas adapté, en dépit de ses travaux d'élargissement, à la taille considérable de ces navires. On assiste donc à un basculement de la route transpacifique vers la route méditerranéenne et transatlantique pour le trafic de conteneurs entre l'Asie et la côte est de l'Amérique du Nord. En 2014, la capacité de conteneur d'Asie vers la côte nord-américaine à travers le canal de Suez a dépassé pour la première fois celle du canal de Panama[19].

La Méditerranée a ainsi attiré, indépendamment de COSCO, plusieurs grandes compagnies chinoises de

---

[16] Thierry Pairault, « La route maritime de la soie et les terminaux portuaires en Méditerranée », *Monde chinois*, à paraître, 2018.

[17] Mathie Duchatel, "Blue China", article cité, p. 10.

[18] John Psaropoulos, "Greece's pivot toward China", *The New Athenian,* Saturday, 29 july 2017 : http://www.thenewathenian.com/2017/07/greeces-pivot-toward-china.html

[19] Frans-Paul van der Putten, Minke Meijnders, "China, Europe and the Maritime Silk Road", *Clingendael*, Netherlands Institute of International Relations, March 2015, p. 29.

transport maritime, qui ont acquis la gestion de terminaux portuaires[20]. Mais le port du Pirée, acquis en majorité par COSCO, constitue un projet phare à plus d'un titre. D'abord, parce que COSCO a introduit les équipements les plus modernes, permettant une relance très importante de la productivité du travail, dans un port où le salaire des dockers atteignait des dimensions rentières en 2004, avec plus de 140 000 euros par an pour 325 à 335 jours ouvrés[21]... En second lieu, parce que COSCO est lui-même un des principaux acteurs du transport maritime Chine-Europe et, à ce titre, un utilisateur privilégié du port, entraînant dans son sillage K-Line, Hanjin et Yang Ming, ses partenaires de la Greeen Alliance et les autres géants du transport maritime, comme APM-Maersk et CMA-CGM. Enfin, parce que COSCO a su attirer des compagnies internationales importantes, comme Hewlett-Packard, qui ont relocalisé une partie importante de leurs activités de distribution de Rotterdam au Pirée, sans parler des projets de multinationales comme Huawei, ZTE, Lenovo, Dell, IKEA et LG[22].

Les résultats sont là, alors qu'au début des années 2010, le transbordement de conteneurs était supérieur au Pirée dans la plupart des ports méditerranéens concurrents (Port-Saïd et Damiette en Égypte), Algeciras et Valence en Espagne, Gioia Tauro en Italie, Tanger au Maroc, Malte et finalement Ambarli en Turquie, dès 2013, le port du Pirée se place en troisième position du trafic de conteneur en Méditerranée, derrière Algeciras et Valence, et devant Port-Saïd, et à la 41e place au niveau mondial[23].

---

[20] Thierry Pairault, article cité, 2018.

[21] Harilaos N. Psaraftis & Athanasios A. Pallis, article cité, note 19.

[22] Ibidem.

[23] Frans-Paul van der Putten, rapport cité, 2014, p. 14, et World Shipping Council : Top 50 Containers Ports :

L'ambition affichée de COSCO est de monter à un trafic de 7 millions de conteneurs Équivalent Vingt Pieds (EPV) d'ici 2022, en faisant du Pirée le 5e port d'Europe, avec des investissements annoncés de l'ordre de 5 milliards de US $ dans les prochaines années, dont une bonne partie sera consacrée à des hôtels et à des centres commerciaux au sein du port[24].

Indépendamment de l'augmentation du trafic maritime et de l'utilisation du Pirée comme plate-forme (hub) de transbordement des porte-conteneurs géants vers des plus petits navires en route pour le sud et l'est de la Méditerranée, le choix de la Grèce visait à créer un corridor de transport terrestre entre la Méditerranée et l'Europe centrale, permettant de réduire les coûts de transports, notamment avec la liaison ferroviaire Budapest-Belgrade-Athènes. Ce projet n'est mené à bien que dans son tronçon Budapest-Belgrade, les Chinois ayant reculé au moment de la privatisation des chemins de fer grecs TRAINOSE, intervenue en pleine crise des migrants.

Le forum sur la « Belt and Road Initiative », organisé à Pékin en mai 2017, en présence de nombreux chefs d'État et Premiers ministres, a été l'occasion de relancer la coopération dans le cadre de la BRI, notamment dans les Balkans[25]. Au-delà des Balkans, « la tête de pont » du Pirée s'inscrit dans une stratégie de coopération chinoise avec l'ensemble des États d'Europe centrale, intitulée 16 + 1, visant à lier à terme la mer Baltique, la mer Noire et la Méditerranée[26]. Les partenaires les plus motivés de la Chine sont la Serbie, non membre de l'UE, et La Hongrie.

---

http://www.worldshipping.org/about-the-industry/global-trade/top-50-world-container-ports

[24] Plamen Tonchev, rapport cité, 2017, p. 17-18. Et 24.

[25] Jens Bastian, rapport cité, 2017.

[26] "China's investment in influence : the future of 16 +1 cooperation", *China News Analysis,* ECFR, December 2016.

4. Les autres secteurs d'investissement chinois : énergie, télécommunications, immobilier, tourisme

Indépendamment de l'acquisition du port du Pirée, les investissements chinois ont visé des secteurs stratégiques, comme l'énergie et les télécommunications. Le second IDE chinois le plus important est l'acquisition, pour 320 millions d'euros, de 24 % des parts du principal opérateur de transmission d'électricité, Independant Power Transmission Operator ou ADMIE en grec, par la China State Grid International Developement Ltd, la plus grande compagnie mondiale de transmission et de distribution d'électricité. IPTO/ADMIE était, avant cet accord, la propriété d'une entreprise publique grecque, la Public Power Corporation, qui gère un réseau de 11 000 km de câbles à haute tension à travers le pays. À terme, le projet Euro Asia Interconnector vise à créer une autoroute de l'énergie de 1 500 km entre Israël et la Grèce, via Chypre et la Crète.

Dans le domaine des énergies renouvelables, plusieurs entreprises chinoises ont investi dans le parc photovoltaïque (Sky Solar Holdings Ltd, Yangtze Solar Power Investment Ltd, China New Era Group Corporation, Solar Power Hellas). Shenhua Renewables a acquis 75 % des parts de quatre parcs éoliens développés par le groupe grec Copelouzos. Les partenariats entre cette alliance et la Public Power Corporation (PPC) pourraient atteindre 3 milliards d'euros dans les années à venir.

Dans le secteur particulièrement stratégique des télécommunications, Huawei fournit de l'équipement de télécoms, des téléphones mobiles, et investi dans la création de centres de R&D, tandis que ZTE, tout en fournissant des équipements, propose aussi des services de téléphonie, une gestion du big data, et se positionne par rapport au développement du prochain réseau 5 G. Enfin, Pacific Century CyberWorks (PCCW), une filiale de

Hongkong Telecom, se situe sur le même créneau que ZTE, tout en montrant son intérêt dans la construction d'une infrastructure Internet haut débit en liaison avec la Telecommunication Organisation of Greece (OTE)[27] 32.

Dans le secteur de l'immobilier, où le prix des actifs a baissé de 42 % entre le pic de 2008 et 2017, le groupe Fosun participe à hauteur de 200 millions d'euros au consortium grec pour le développement de l'ancien aéroport d'Hellenikon, un projet de 6,2 millions de m^2 avec 3,5 km de côtes. 850 citoyens chinois ont investi dans des propriétés d'en moyenne 550 000 à 600 000 euros pour bénéficier du Golden Visa programme, qui leur donne un droit de résidence automatique. Enfin, les perspectives du tourisme chinois en Grèce sont très prometteuses, avec la création de deux lignes aériennes directes entre la Chine et Athènes avec Air China et China Eastern Airlines, amenant les masses de touristes attendus dans les navires de croisière basés au Pirée, en partance pour la mer Égée, la Méditerranée et la côte Adriatique.

La plupart des investissements chinois sont le fait d'entreprises d'État supervisées par le pouvoir politique, et bénéficient des lignes de crédit prioritaires de la China Development Bank, qui collabore étroitement avec la banque centrale de Grèce et le Hellenic Republic Asset Development Fund chargé des privatisations[28]. Les visites successives du Premier ministre chinois et du Président XI Jinping, en Grèce en 2014, montrent l'intérêt des plus hautes autorités pour ce pays en tant que tête de pont des IDE chinois. On assiste bien à la mise en place d'une ambitieuse politique d'investissement couvrant trois secteurs décisifs (port, énergie, télécommunications). Cette présence est certes utile à la Grèce dans le cadre de la baisse

---

[27] Plamen Tonchev, rapport cité, 2017, p. 17-19, et 50.
[28] Plamen Tonchev, rapport cité 2017, p. 20-26, 40.

générale des investissements intérieurs, mais elle s'accompagne d'un déséquilibre important des échanges et plus subtilement d'une politique d'influence politique, dont les contours se préciseront au fil du temps.

5. De l'asymétrie économique aux dividendes politiques

L'asymétrie économique entre la Chine et la Grèce est inscrite dès le début des rapports entre les deux pays. Avec une population d'une dizaine de millions d'habitants et un PIB de 268 milliards de US $ en parité de pouvoir d'achat, la Grèce est comparable à une seule municipalité chinoise, comme Hangzhou.

Le poids commercial de la Chine n'a fait que se renforcer, passant, entre 2006 et 2016, de la 9e place à la troisième place des importations grecques, même si cette tendance s'est un peu modifiée en 2017.

Mais ce qui est frappant, c'est le déséquilibre massif des échanges, qui fait que la Grèce importe de Chine dix fois plus qu'elle n'exporte :

Greece's International Trade in Goods with China (in € billion) 2013 - 2015

	Exports	Imports	Balance
2013	0.419	2.19	-1.78
2014	0.279	2.49	-2.21
2015	0.271	2.87	-2.67

Sources: For 2013 and 2014 data: Eurostat newsrelaease: 116/2015 26. June 2015 http://ec.europa.eu/eurostat/documents/2995521/6893875/6-26062015-AP-EN.pdf/44d4c87c-98dd-4061-bdf6-b292884a5073. For 2015 data see: http://atlas.media.mit.edu/en/profile/country/grc/.

Cette situation n'est pas près de se modifier, la Grèce servant surtout de tête de pont pour la Chine au niveau de ses exportations dans le cadre de la BRI. La Chine n'est toujours pas présente dans les principaux débouchés extérieurs de la Grèce en 2017 :

Les principaux clients de la Grèce en 2017

En M€	Exportations 2017 (*)	Δ 2017/2016 (%)	Part export 2017 (%)	Part Export 2016 (%)	Class. 2017
Italie	3.037,8	+8,1%	10,7%	11,2%	1 (=)
Allemagne	2.015,5	+4,4%	7,1%	7,7%	2 (=)
Turquie	1.951,5	+44,4%	6,9%	5,4%	3 (+1
Chypre	1.724,5	+13,2%	6,1%	6,1%	4 (-1)
Bulgarie	1.348,6	+7,7%	4,7%	5,0%	5 (=)
Liban	1.249,3	+19,1%	4,4%	4,2%	6 (+2)

Source : France Trésor.

La seule solution existante pour rétablir l'équilibre des échanges est d'avoir recours, indépendamment du transport maritime, au tourisme chinois, activité exportatrice de services par excellence, qui permet généralement d'équilibrer la balance courante de la Grèce, mais crée en même temps un effet de vulnérabilité en cas d'instabilité politique ou sociale, comme l'Égypte en montre l'exemple. 8 à 10 % des touristes chinois en Grèce sont des acheteurs potentiels de propriété immobilière.

Balance commerciale de la Grèce 2011-2017

En Mds€	2011	2012	2013	2014	2015	2016 (*)	2017 (*)	Δ 2017/2016
Exportations	24,38	27,58	27,30	27,12	25,48	25,15	28,46	+13,2%
Importations	48,89	49,54	47,00	48,33	42,65	43,12	49,03	+13,7%
Total	73,27	77,12	74,30	75,45	68,13	68,27	77,49	+13,5%
Déficit	-24,51	-21,96	-19,70	-21,21	-17,17	-17,97	-20,56	+14,4%
Taux de couverture (%)	49,9%	55,7%	58,1%	56,1%	59,7%	58,3%	58,0%	

Source : France Trésor.

Consciente de ce déséquilibre et de la vulnérabilité particulière de la Grèce en Europe, prisonnière d'une dette encore très importante dans les années à venir (150 % du PIB à l'horizon 2022), la Chine a rehaussé la Grèce au rang de partenaire d'égal à égal au niveau diplomatique. Indépendamment de la visite de ses plus hauts dirigeants, la Grèce a été l'objet d'une attention particulière au niveau des relations culturelles, avec le lancement du « Ancient Civilisations Forum » à Athènes, plus connu sous le nom de GC 10, qui regroupe à côté de la Chine et de la Grèce, la Bolivie, l'Égypte, l'Inde, l'Irak, l'Italie, le Mexique et le Pérou. « La Grèce est l'amie la plus sûre de la Chine en Europe », assure le Président XI Jinping en recevant à Pékin le Premier ministre Alexis Tsipras en juillet 2016. Les enquêtes d'opinion montrent que la popularité de la Chine vient juste après celle de la Russie en Grèce, devant les États-Unis, et l'Allemagne, plutôt décriée[29].

[29] Plamen Tonchev, rapport cité, p. 35, p. 42 et 52.

Evolution de la dette du gouvernement général (en M€)							
	2016	2017	2018 estimation	2019 prévision	2020 prévision	2021 prévision	2022 prévision
Dette	315.009	317.407	335.000	323.300	318.300	313.300	318.700
en % du PIB	*180,8%*	*178,6%*	*183,1%*	*170,4%*	*161,4%*	*153,1%*	*150,3%*
Taux unifiés	5.615	5.626	6.208	6.295	6.392	6.697	6.896
en % du PIB	*3,2%*	*3,2%*	*3,4%*	*3,3%*	*3,2%*	*3,3%*	*3,3%*
PIB	174.199	177.735	182.959	189.743	197.218	204.572	212.002

Source : France Trésor.

Le soft power chinois est une priorité de XI Jinping, dans le cadre de sa nouvelle politique d'affirmation internationale. Les partenariats avec les médias étrangers sont passés d'une soixantaine en 2000 à 221 en 2017, visant particulièrement les 60 millions de Chinois vivant à l'étranger. De nombreuses personnalités politiques conseillent les entreprises chinoises ou facilitent les rapports sino-européens, dont David Cameron, responsable d'un fonds sino-britannique de 1 milliard de US $ soutenant les investissements d'infrastructure de la BIR, Jean-Pierre Raffarin, Dominique de Villepin, Romano Prodi, etc.[30]

Les dividendes politiques de la présence chinoise en Grèce sont impressionnants dès 2016. En premier lieu, la Grèce s'oppose, pour la première fois en juillet 2016, à

[30] Emily Feng, "China and the world : how Beijing spread the message", *Financial Time*, 12 July 2018 : https://www.ft.com/content/f5d00a86-3296-11e8-b5bf-23cb17fd1498 ; Alan Crawford *et al.* "Riding China's rise : the European politicians in Beijing's orbit", *Bloomberg*, 4 July 2018.

une déclaration conjointe de l'Europe sur la dispute concernant la Mer de Chine du Sud, où un chapelet d'îles annexées par la Chine font l'objet d'installations militaires, contraires au droit international de la mer. La Hongrie et la Croatie, membres de l'Union européenne, rejoignent la Grèce sur cette position, qui empêche l'Europe de parler d'une seule voix. La Serbie, non-membre de l'UE, soutient aussi la position chinoise. L'année suivante, en juin 2017, une résolution européenne sur le bilan des droits de l'homme en Chine, est bloquée par la Grèce au Conseil des Nations Unies sur les droits de l'homme, à Genève, ce qui empêche son adoption. Le *Global Times*, ou la voix de Pékin, déclare aussitôt que « contrairement à l'Union européenne, qui a traité la Grèce comme un emprunteur délinquant, Beijing considère le pays comme un partenaire sûr »[31].

Au nom de l'amitié avec la Chine, une brèche est donc ouverte au sein des valeurs défendues par l'Europe des États, sans qu'on sache encore jusqu'où conduiront les interactions subtiles entre présence économique et influence politique de la Chine. Tout au plus, peut-on noter certains faits troublants : la marine chinoise a effectué de nombreuses visites au Pirée, d'habitude à la fin de patrouilles anti-piraterie effectuées dans le golfe d'Aden, ce qui a relancé les spéculations sur un rôle dual de l'investissement de COSCO. En effet en juin 2015, le gouvernement chinois a annoncé qu'à l'avenir, les constructeurs de navires chinois civils devaient s'assurer que ceux-ci puissent être compatibles avec une utilisation militaire en cas d'urgence. Cette nouvelle stratégie de conversion de la flotte civile en force militaire vise à la

[31] Plamen Tonchev, rapport cité, p. 53.

protection des lignes stratégiques et de communication et de transports maritimes[32].

Signe de temps contradictoires : d'un côté, en préparation du sommet UE-Chine, qui s'est tenu en juillet 2018, 27 des 28 ambassadeurs de l'UE à Pékin ont critiqué dans un rapport interne la BRI, en estimant qu'elle allait contre l'agenda de libéralisation du commerce de l'UE et déstabilisait l'équilibre du pouvoir en faveur d'entreprises chinoises subventionnées[33]. Mais de l'autre, la Grèce est le premier pays occidental à signer avec la Chine, en août 2018, un « protocole d'entente » sur la BRI[34]39.

Quels que soient les bénéfices indéniables de la présence chinoise en Grèce, il est donc important d'être attentif à l'utilisation politique qui peut en être faite par le gouvernement chinois au sein de l'Union européenne, afin que la « tête du dragon » ne mine pas progressivement, entre la Grèce et la Hongrie, le fragile équilibre des valeurs dont se réclame l'Union.

---

[32] *Ibidem*, p. 55-56 ; Zhao Lei, *China Daily*, 18/06/2015 : http://www.chinadaily.com.cn/china/2015-06/18/content_21036944.htm

[33] Dana Heide *et al.* ;"EU ambassadors to Beijing band against China's Silk Road in critical report",
Handelsblaat Global, Sept. 6, 2018 :
https://global.handelsblatt.com/politicseu-ambassadors-beijing-china-silk-road-912258

[34] Xinhua, 28/08/2018 : http://www.xinhuanet.com/english/2018-08/28/c_137425525.htm

La présence chinoise à la périphérie de l'Europe. Le « Format 16 + 1 », le cheval de Troie de la Chine ?

Xavier Richet[*]

Introduction

La Chine a lancé en 2013 un ambitieux programme d'expansion de ses investissements à l'étranger, de leur financement et de leur réalisation par des firmes d'État dans le cadre du projet *One Belt, one Road* (OBOR), devenu depuis, *Belt and Road Initiative* (BRI) (par la suite l'Initiative) : Ceinture, pour les routes terrestres ; route, pour les routes maritimes. Initiative ambitieuse par le nombre de pays concernés, par les volumes financiers mobilisés et, bien sûr, par les retombées attendues (Zhang, Alon, Lattemann, 2018). Expansionnisme chinois dans la suite de la stratégie *Going global* lancée au début des années 2000 induisant le recentrage de la mondialisation autour de l'empire du Milieu[1], recyclage des surplus financiers pour échapper à la dépendance des marchés

[*] Professeur émérite, Université de la Sorbonne Nouvelle, Paris.

[1] Stratégie qu'un spécialiste français, lors d'un récent séminaire consacré à la Chine, résumait ainsi : Vous empruntez auprès de nos banques pour que nous vous construisions un train qui vous livrera les marchandises que vous nous achèterez.

occidentaux notamment américains, recherche de débouchés pour les surcapacités accumulées dans de nombreux secteurs au niveau domestique, poursuite par d'autres moyens de la stratégie de croissance tirée par les exportations qui a fait le succès de l'économie chinoise pendant plusieurs décennies, moyen d'échapper à la trappe des revenus intermédiaires ? Ce sont tous ces facteurs qui sont à l'origine de cette Initiative qui prend aujourd'hui de plus en plus d'importance et dont la mise en œuvre doit concrétiser la réalisation du « Rêve chinois » promis par le Président XI Jinping à ses concitoyens.

Au cours de ces dernières années, l'Initiative commence à prendre forme et s'est matérialisée par la construction de corridors ferroviaires, la modernisation de ports, la construction de ports secs notamment en Asie centrale, soulevant des interrogations sur la finalité de ces investissements, de leurs coûts. La route est longue et le poids de la Chine semble se faire sentir plus fortement pour ce qui concerne les investissements réalisés proche d'elle (Miller, 2017). À ce jour, plus de soixante pays ont contracté des projets dans le cadre de l'Initiative, de nombreux autres sont en voie de réalisation. Le gouvernement chinois a décidé d'augmenter le volume des financements ; des banques internationales (Banque mondiale), européennes (EBRD), asiatiques (ADB) apportent aujourd'hui leur contribution financière.

L'Europe comme une des destinations finales de l'Initiative

Pour le moment, une des principales destinations de ces routes est l'Europe, d'autres continents et régions du monde sont visés (Afrique, Amérique latine). L'Europe est aujourd'hui un des tout premiers partenaires de la Chine pour les échanges commerciaux. Elle est la 1re importatrice de produits chinois et la Chine est la seconde destination pour ses exportations après les États-Unis.

Elle est également devenue une des toutes premières destinations des investissements directs étrangers chinois. Leur rythme s'est récemment accru suite à la quasi-stagnation des IDE chinois aux États-Unis. Leur distribution géographique est riche d'enseignements sur la stratégie poursuivie par les firmes chinoises dans l'Union européenne (et le reste de l'Europe : Suisse, Norvège). Ils se dirigent vers trois zones distinctes (Figure 1). La zone *Autres pays européens* qui regroupe les économies du centre et du sud-est européens (ECSE) ne recueille qu'une part limitée de l'IDE.

Chemin faisant : Le Format 16+1, un segment de la route à la périphérie de l'Europe

Le Format 16 + 1 fait référence à l'association entre la Chine et 16 pays d'Europe orientale et du Sud-Est qui a vu le jour au début des années 2010. Cette coopération s'est développée depuis dans le domaine des échanges commerciaux, la réalisation d'investissements ainsi que la réalisation de plusieurs projets de construction d'infrastructures (ponts, lignes de chemin de fer, modernisation de ports, la construction d'autoroutes) dans plusieurs pays de la région.

Les 16 pays comprennent deux catégories de pays, les pays ayant adhéré à l'Union européenne (2004, 2007, 2013) et les pays en voie d'adhésion (Balkans occidentaux). Tous ont en commun d'être d'anciennes économies socialistes de différentes variétés (centralisées et relativement fermées de type soviétique, décentralisées et ouvertes de type autogestionnaire).

Figure 1 : Les IDE chinois dans l'UE-28 par groupe de pays (en millions de $ US)

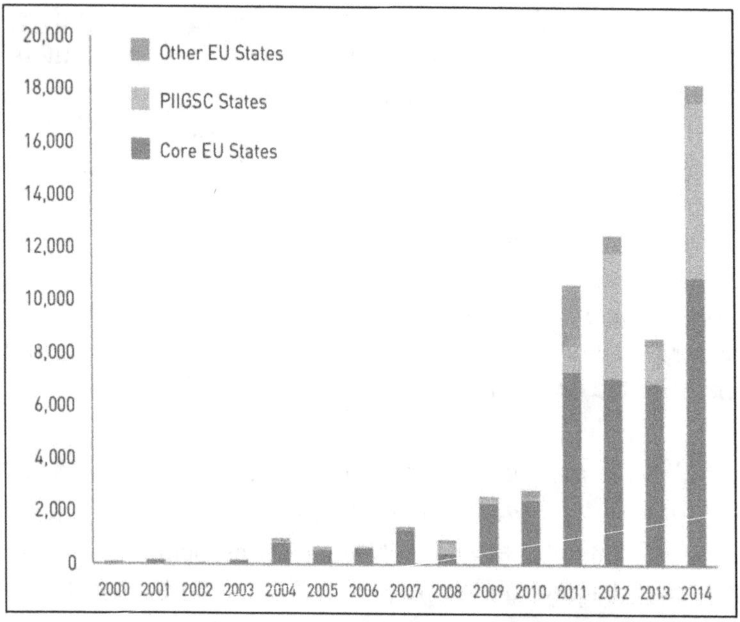

Pays au cœur de l'Europe : Allemagne, Autriche, Belgique, Danemark, France, Luxembourg, Pays-Bas, Suède, Royaume-Uni.

PIIGSC : Chypre, Espagne, Grèce, Irlande, Italie, Portugal.

Autres pays européens : Bulgarie, Croatie, Estonie, Finlande, Hongrie, Lettonie, Lituanie, Malte, Pologne, République tchèque, Roumanie, Slovaquie, Slovénie.

Source : Hanemann Thilo & Mikko Huatari (2018).

Au cours des trente dernières années, ces économies ont connu de profonds changements institutionnels, politiques, économiques et territoriaux[2] à la suite de la chute

[2] Avec la dissolution d'anciennes entités supranationales qui ont vu le jour au cours (URSS) et à la fin (Tchécoslovaquie, Yougoslavie) de la 1re Guerre mondiale, l'absorption d'une autre (la RDA) qui a vu le jour après la Seconde Guerre mondiale. La Pologne, à la suite de la

du mur de Berlin, de l'effondrement du communisme ; elles se sont transformées en économies de marché, en se restructurant selon les principes du « consensus de Washington » et les programmes imposés par les dirigeants européens (privatisations, ouverture et libéralisation des marchés). Les mécanismes de convergence, notamment les transferts financiers, les fonds structurels et l'afflux massif d'investissements directs étrangers, principalement en provenance de l'UE-15, ont permis de les transformer en profondeur. Plusieurs économies, notamment celles du nord-est (Pologne, Hongrie, République tchèque, Slovaquie), sont devenues les *hinterlands* de l'Allemagne. Plus au sud, les retards dans le processus politique et la nature des investissements réalisés sous le socialisme ont rendu plus difficiles l'ajustement et la convergence (Roumanie, Bulgarie).

Les Balkans occidentaux, pour leur part, avec l'effondrement brutal de l'ex-Yougoslavie et les violents conflits interethniques qui s'en sont suivis, entrent dans la troisième catégorie avec la désintégration de leur ancien marché, la contraction de leurs nouveaux marchés et leur spécialisation étroite. Leur rapprochement, avec l'Albanie et le Kosovo[3] dans un *Espace économique des Balkans occidentaux*, décidé lors du sommet de Trieste en juillet 2017, constitue une sorte de sas avant leur future intégration à l'UE qui pourrait être retardée avec la mise en place d'une Europe à plusieurs vitesses préconisée par certains pays membres du « premier cercle » de l'Union (Richet, 2018).

---

chute du mur de Berlin et la disparition de l'URSS, est passée de trois (RDA, Tchécoslovaquie, URSS) à sept voisins (Allemagne, République tchèque, Slovaquie, Ukraine, Biélorussie, Lituanie, Russie) sans modification de ses frontières physiques.

[3] Né d'une sécession d'avec la Serbie, créé en 2008 mais pas encore reconnu par plusieurs pays membres de l'Union européenne.

L'intégration et l'élargissement de l'UE sont devenus une réalité même s'il subsiste encore une forte asymétrie entre les trois Europe, celle de l'UE-15, celle des Nouveaux États membres (NEM-11), celle des pays balkaniques occidentaux en attente (BO-6). Aujourd'hui, l'essentiel des échanges de ces pays s'effectue au sein de l'UE (figure 2).

C'est dans ce contexte que la Chine pénètre cette région – l'Europe périphérique – et ses marchés, des marchés segmentés, la plupart très étroits, à la proximité des marchés dynamiques de l'UE-15. Elle le fait pour accroître les échanges de marchandises et de services, l'acquisition d'entreprises, la réalisation investissement dans les secteurs des transports, de l'énergie, manufacturier[4].

Les différentes motivations qui poussent la Chine et les entreprises chinoises dans la région commencent à être identifiées :

– 1 – La zone économique et géographique représentée par les 16 est d'abord un tronçon de la Nouvelle Route de la Soie qui arrive par deux voies : une voie terrestre, au nord, en Pologne qui la traverse pour atteindre le cœur de l'Europe une voie maritime, au sud, en Grèce[5]. Entre les deux, une ligne ferroviaire, Le Pirée-Budapest, est censée relier ultérieurement le nord et le sud.

---

[4] Il faut distinguer, ce que ne font pas toujours les analystes, l'investissement direct étranger (acquisition d'entreprises, la construction de nouvelles entreprises – l'investissement vierge –) d'une part et la prestation de services (construction d'une ligne de chemin de fer, d'une centrale nucléaire) contre paiement et dont l'exploitation reviendra au pays commanditaire.

[5] Qui reste la voie d'accès la plus importante pour les marchandises chinoises qui arrivent en Europe : 94 % le sont par la voie maritime, 0,0 % par le train, 1,8 % par air, 3 par route (Pairault, 2019).

- 2 – Des opportunités pour les entreprises publiques chinoises en surcapacité, en particulier dans le secteur des infrastructures, qui participent – principalement au moyen d'investissements financés par des banques chinoises (remboursées ultérieurement par les États bénéficiaires) – à la construction d'autoroutes, de ports dans les pays des Balkans en particulier, en répondant à des besoins délaissés dans les programmes de préadhésion de l'Union européenne.
- 3 – Un effet « réseau » avec des investissements réalisés par les grands groupes de télécommunication chinois (ZTE, Huawei), des investissements de moyenne et haute technologie (industrie nucléaire), dans les industries traditionnelles et en déclin (industrie sidérurgique en Serbie, mines de charbon en Bosnie, l'industrie chimique en Hongrie).
- 4 – L'intention de créer une chaîne de valeur régionale autour de quelques secteurs (automobile, batteries électriques en Bulgarie, Serbie, Croatie), à l'instar de ce que d'autres groupes chinois font avec plus d'insistance en Europe, notamment en Allemagne, en France.
- 5 – Des investissements plus ciblés, bien que limités, et la coopération dans des secteurs de pointe dans les Pays baltes.

Sur le plan géopolitique, la présence de la Chine représente-t-elle une menace pour l'UE ? La Chine cherche-t-elle à influencer les gouvernements de la périphérie, à s'immiscer dans les affaires intérieures de l'Union, à contourner les réglementations européennes (Godement et Vasselier, 2018 ; Benner, 2018) ? Pour la Chine, le défi, outre le succès de son implantation dans la région, réside dans son articulation avec sa stratégie européenne globale, qui n'est pas encore assurée en raison de l'opposition qui existe toujours entre la Chine et l'Union européenne (absence d'accord bilatéral UE-Chine sur l'investissement, non-reconnaissance de la Chine comme économie de marché au sein de l'OMC). Coopération ou concurrence ? La Chine a-t-elle les moyens ou cherche-t-elle à interférer dans les affaires de l'Europe, à ses marges ? Comment peut-elle rechercher une coopération avec l'UE tout en enfonçant un coin dans le pré carré de l'UE ?

Dans cette contribution, nous, on se propose d'analyser :

- 1) les différents aspects de la présence chinoise dans la région,
- 2) les motivations des pays de la région à coopérer avec la Chine,
- 3) l'impact probable de cette présence chinoise en termes de volumes d'investissement (IDE) et de volumes d'échanges, de prestations de services et l'influence diplomatique indirecte dans les affaires européennes.

Il sera souligné que l'avenir du *Format 16 + 1* est, en définitive, lié aux relations entre la Chine et l'UE, que la présence chinoise via sa réalisation peut créer un effet de levier (Bastian, 2018 ; Hackaj, 2018) pour accélérer la mise à niveau des économies les moins développées de la région en s'intégrant dans les procédures et réglementations européennes.

1. Développer une coopération avec un nouveau bloc sous-régional

La présence chinoise dans la ECSE remonte au début de cette décennie, bien qu'historiquement, les liens entre la Chine et les 16 sont plus anciens et remontent aux années cinquante du siècle dernier, à l'époque de l'amitié et de coopération entre pays socialistes. Après le grand schisme sino-soviétique, seules la petite Albanie et la Roumanie ont maintenu leurs relations commerciales avec la Chine. Par la suite et globalement, les flux commerciaux n'ont jamais été très importants. Au moment où la croissance chinoise décollait au début des années 1980, l'Europe de l'Est était plongée dans un long déclin économique qui conduirait à la disparition du système socialiste dans la région en 1989 (et de l'URSS en 1992) et à l'implosion de la Yougoslavie avant de subir le choc de la transition et de l'intégration à l'Union européenne.

En 2012, la Chine a fondé une association avec 16 pays de la région dans le but de promouvoir les échanges entre partenaires : *La coopération entre la Chine et les pays d'Europe centrale et orientale* (*Le Format 16 + 1*). L'association, dont le siège est à Pékin, regroupe officiellement ses membres alternativement en Chine et dans l'une des capitales des 16. Elle a donné naissance à une myriade d'institutions ayant des préoccupations diverses (questions académiques, sectorielles). Elle est dotée de fonds spécifiques abondés par les institutions financières chinoises. Pour le moment, le Format 16 + 1 est une coquille vide, une feuille de vigne ; il s'agit d'un rassemblement institutionnel régional qui masque, en fait, le caractère bilatéral des relations qui s'établissent entre pays (contrats, financements). De plus, le Format peut difficilement être mobilisé en tant qu'instrument politique du fait que 11 pays appartiennent à l'UE et sont tenus de respecter les réglementations européennes en dépit des manifestations d'« illibéralisme » affichées par certains de ses membres. La perte des espoirs que l'adhésion à l'UE pouvait apporter, la longueur de l'attente pour les pays en accession pour devenir membres ont nourri des sentiments très positifs à l'égard de la présence chinoise dans la région.

Figure 2 : Taille de marché des économies du centre et sud-est européen

(2015)	Market Size (population, mn)	Purchasing Power (Per-capita GDP, US$)
Hungary	9.9	12,240
Poland	38.0	12,495
Czech Republic	10.5	17,257
Romania	19.9	8,906
Slovakia	5.4	15,992
Serbia	7.1	5,120
Estonia	1.3	17,288
Slovenia	2.1	20,732
Bulgaria	7.2	6,832
Lithuania	2.9	14,210
Latvia	2.0	13,619
Croatia	4.2	11,573
Bosnia and Herzegovina	3.9	4,088
Macedonia	2.1	4,787
Albania	2.9	3,995
Montenegro	0.6	6,489

Source : FMI.

Les 16 pays européens membres forment un ensemble hétérogène tant par l'histoire, la taille, la population, le niveau de développement que l'appartenance institutionnelle (Figure 2). Onze pays sont membres de l'Union européenne (Estonie, Lettonie, Lituanie, Pologne, République tchèque, Slovaquie, Hongrie, Slovénie, Croatie, Roumanie, Bulgarie), y ont adhéré en plusieurs vagues (2004, 2007, 2013). Cinq d'entre eux sont déjà membres de la zone euro (Estonie, Lettonie, Lituanie, Slovaquie, Slovénie) et trois (Bosnie-Herzégovine, Kosovo, Monténégro) utilisent la monnaie européenne sans être membres de la zone euro. Cinq autres pays des Balkans occidentaux (Albanie, Bosnie-Herzégovine, Macédoine, Monténégro, Serbie et Kosovo) sont en cours d'adhésion à l'Union européenne et déjà soumis aux réglementations européennes découlant de leur statut de futurs membres. À ce titre, ils bénéficient de soutiens financiers de la part de l'UE. À la suite du Sommet européen de Trieste de 2017, ils viennent d'intégrer une nouvelle entité, *l'Espace économique des Balkans occidentaux*. Soulignons que deux de ces pays, la Bosnie-Herzégovine et le Kosovo, des constructions étatiques fragiles et instables sont des « États construits de l'extérieur », des constructions soutenues et encadrées par des puissances étrangères et des institutions internationales.

La Serbie, qui doit gérer politiquement la sécession du Kosovo, et le Monténégro, où règne toujours la corruption à grande échelle, devraient rejoindre l'Union européenne avant 2025.

Certains pays auraient pu être inclus dans le Format 16 + 1 : la Grèce (ancienneté dans l'Union européenne ?), l'Ukraine (instabilité et conflit avec la Russie ?), Kosovo (province sécessionniste reconnue par quelques pays et soutenue par les États-Unis ?), la Biélorussie, la Moldavie (trop proches de la Russie ?).

Ce serait donc apparemment le passé socialiste des seize pays et leur adhésion (y compris en cours) qui serviraient avant tout de dénominateur commun à ce rassemblement régional.

Les 16 pays membres peuvent également être classés en sous-régions et sous-groupes en tenant compte de leur niveau de développement, de leur taille et de leur population, de leur appartenance institutionnelle antérieure, des progrès réalisés dans leur transformation en économies de marché : on trouve le bloc des Pays baltes (petits pays, anciennement intégrés à l'ex-URSS), le bloc du groupe des pays de Visegrad (Hongrie, Pologne, République tchèque, Slovaquie), pays les plus développés et les plus proches de l'UE-15, les retardataires dans la transformation (Bulgarie, Roumanie), moins développés que les précédents enfin, l'ancien bloc yougoslave, le plus ouvert économiquement avant l'effondrement du socialisme et la désintégration du pays (Figure 2) ; plus l'Albanie, l'ancienne économie socialiste ermite de la région.

Dans ce cadre, les investissements directs étrangers sont entrés massivement sous forme d'acquisition d'actifs ou d'investissements vierges, provenant presque exclusivement des pays de l'UE-15 (près de 80 %), le reste provenant des États-Unis, de pays asiatiques (Japon, Corée du Sud). En deux décennies seulement, le commerce au sein de l'UE a complètement changé. Les spécialisations existantes, les qualifications et les faibles coûts de main-d'œuvre ont entraîné une profonde transformation du paysage industriel. Plusieurs pays (Pologne, Slovaquie, Hongrie, République tchèque) sont devenus de grands centres industriels dans plusieurs secteurs, notamment l'automobile et l'électronique. Aujourd'hui, les secteurs les plus dynamiques de la région sont entre les mains des plus grandes compagnies européennes, américaines, voire de pays du Sud-Est asiatique (Japon, Corée du Sud).

2. Tous les chemins mènent à Rome…

Dans le cadre de l'Initiative, la Chine trace un itinéraire terrestre depuis l'ouest de l'empire du Milieu, les régions les moins développées de la Chine, à travers l'Asie centrale et l'ancien espace soviétique (Frankopan Peter, 2018). Une voie maritime rejoint également le sud de l'Europe par le canal de Suez (Fabre, 2019).

Pour la Chine, l'ECSE est à la fois une passerelle, un marché de près de 100 millions de consommateurs, un tremplin vers l'UE-15 et une partie de l'Europe où les besoins en infrastructures sont importants. Un passage tout d'abord. La Pologne, au nord-est, se trouve sur la route terrestre qui relie la Biélorussie au point d'arrivée des trains qui traversent l'Union économique eurasienne et qui continuent leur chemin vers l'Allemagne, l'Italie, la France et même vers la Grande-Bretagne. En Europe méridionale, la route maritime, via le canal de Suez, rejoint le port du Pirée en Grèce. D'autres terminaux portuaires situés à proximité présentent un intérêt pour la Chine, notamment en Bulgarie et en Turquie, près d'Istanbul, point d'arrivée d'une autre route terrestre passant par l'Iran, la Géorgie et la Turquie, une alternative à la Russie (Figure 3).

Figure 3 : Les nouvelles routes maritimes et terrestres de la soie

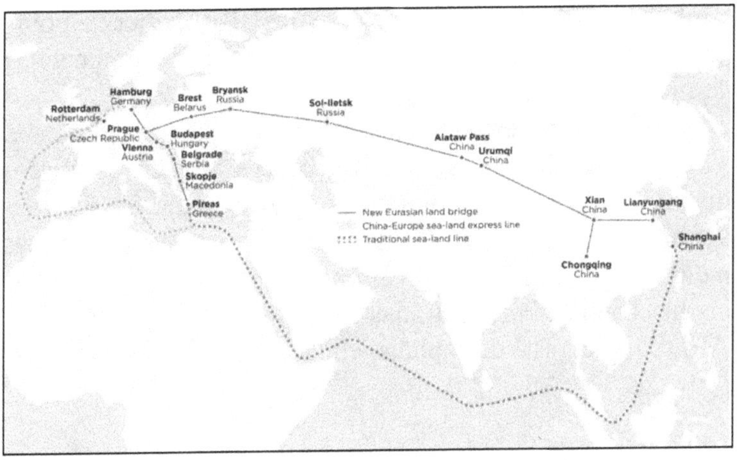

Source : Tschinderle (2018).

La région est un marché important en termes de consommateurs (plus de 100 millions de personnes) bénéficiant d'un pouvoir d'achat croissant, certes, encore éloigné du revenu par tête dans les régions plus développées de l'UE.

Pour les entreprises chinoises qui y investissent, c'est le moyen de rejoindre les chaînes de valeur régionales, de se rapprocher des centres d'émission de technologie du cœur de l'Europe, de soutenir l'internationalisation des entreprises chinoises à la recherche de nouvelles localisations (Huawei, ZTE). Les investissements majeurs dans les secteurs des chemins de fer, des ports, des autoroutes illustrent la « diplomatie des infrastructures » dont la Chine est devenue experte à travers le monde. Cette offre abondante de projets exprime à la fois le savoir-faire acquis par la Chine au niveau national (via la coopération et le transfert de technologie en provenance des firmes occidentales[6]) et mobilise les surcapacités développées dans ce secteur au cours des dernières décennies dans le pays. Pour ces entreprises, principalement d'État, l'échange de dettes contre des crédits BRI permet de poursuivre leurs activités sans avoir à réduire leurs surcapacités au niveau domestique.

L'offre d'investissements des entreprises chinoises s'appuie sur l'importance des ressources financières mise à disposition : « banques politiques » sous le contrôle du gouvernement (Exim Bank, China Development Bank), banques nationales, fonds d'investissements spécifiques, lignes de crédit, banques internationales (New Development Bank, AIIDB) à majorité de capitaux chinois.

[6] Processus actuellement au cœur des accusations occidentales de pillage de la technologie qui est à l'origine des sanctions américaines (hausse des droits de douane, pression auprès des gouvernements alliés de fermer leurs marchés aux équipementiers chinois).

Tableau 1 : Stock d'investissements directs chinois en Europe centrale et du Sud-Est en 2009 et 2014 (Millions de USD)

	2009	2010	2011	2012	2013	2014	2009-2014 growth	Share of total Chinese investment in CEE (2014)
Hungary	97.41	465.70	475.35	507.41	532.35	556.35	471.14%	32.79%
Poland	120.30	140.31	201.26	208.11	257.04	329.35	173.77%	19.41%
Czech Republic	49.34	52.33	66.83	202.45	204.68	242.69	391.87%	14.31%
Romania	93.34	124.95	125.83	161.09	145.13	191.37	105.02%	11.28%
Bulgaria	2.31	18.60	72.56	126.74	149.85	170.27	7271.00%	10.04%
Slovakia	9.36	9.82	25.78	86.01	82.77	127.79	1265.28%	7.53%
Serbia	2.68	4.84	5.05	6.57	18.54	29.71	1008.58%	1.75%
Lithuania	3.93	3.93	3.93	6.97	12.48	12.48	217.56%	0.74%
Croatia	8.10	8.13	8.18	8.63	8.31	11.87	46.54%	0.70%
Albania	4.35	4.43	4.43	4.43	7.03	7.03	61.61%	0.41%
Bosnia-Herzegovina	5.92	5.98	6.01	6.07	6.13	6.13	3.55%	0.36%
Slovenia	5.00	5.00	5.00	5.00	5.00	5.00	0.00%	0.29%
Estonia	7.50	7.50	7.50	3.50	3.50	3.50	-53.33%	0.21%
Macedonia	0.20	0.20	0.20	0.26	2.09	2.11	955.00%	0.12%
Latvia	0.54	0.54	0.54	0.54	0.54	0.54	0.00%	0.03%
Montenegro	0.32	0.32	0.32	0.32	0.32	0.32	0.00%	0.02%
Total	**410.60**	**852.58**	**1008.77**	**1334.00**	**1435.76**	**1696.51**	**3.13**	**100%**

Source : China's Analysis (2016).

Les 16 pays bénéficient d'une ligne de crédit de plus de 10 milliards de dollars (à peine entamée à ce jour), de fonds spécifiques alloués au financement de projets dans la région (environ 3 milliards de dollars). Reste que les modalités d'accès à ce financement, les retombées économiques et les retombées attendues de cette aubaine soulèvent de nombreuses questions (Barisitz & Radzyner, 2018) et conduisent à de nombreuses critiques formulées notamment par les pays récepteurs : quasi-monopole des entreprises chinoises pour mener à bien les projets, notamment dans le domaine des infrastructures, opacité de la conclusion des contrats, corruption (cf. l'interruption des chantiers de construction d'autoroutes Macédoine), sans oublier, par conséquent, le fort endettement des pays d'accueil vis-à-vis de la Chine (Bosnie-Herzégovine, Monténégro) qui rejoignent la liste croissante des pays fortement endettés envers la Chine (Pakistan, Sri Lanka, Laos, Maymar, Venezuela). Un risque, pour la Chine, est d'engendrer un « effet Malaisie » avec la demande d'abandon ou de révision à la baisse de projets signés entre la Chine et ses partenaires en vue d'alléger le poids de la dette.

La présence chinoise, en termes de volume d'IDE, reste encore très modeste (Tableau 2), en outre, les investisseurs chinois ont une préférence marquée pour investir dans la partie la plus développée de l'UE (Figure 3) là où les possibilités d'acquisition de firmes sont limitées.

L'attraction de l'ECSE, c'est aussi la possibilité de se connecter et de pénétrer les marchés européens notamment en construisant les infrastructures qui font défaut dans les différents pays, notamment dans les Balkans. À ce jour, le projet phare reste la construction d'une ligne de chemin de fer à grande vitesse entre Belgrade et Budapest, portant la durée de la liaison ferroviaire de plus de huit heures à deux heures et demie. La ligne doit être complétée plus tard par les sections de Belgrade-Skopje en Macédoine, puis Skopje-Athènes, mais risque d'être renvoyée aux calendes grecques en raison des faibles capacités de financement des économies concernées (Vörös, 2018). Le projet est financé par des prêts de banques chinoises à hauteur de 75 %, le reste par des États qui rembourseront les banques chinoises pour les crédits engagés. La construction de cette ligne oblige les entreprises chinoises et les États concernés à respecter les réglementations européennes en matière de marchés publics et de contraintes environnementales. C'est la raison pour laquelle le tronçon de la ligne en Hongrie n'a pas encore été mis en chantier, le pays devant respecter la réglementation européenne. Techniquement, la rentabilité d'un tel train soulève des doutes compte tenu du nombre limité d'utilisateurs de ce service rapide sur le bassin de population concerné[7]. Mais ce n'est pas le problème des constructeurs chinois qui ne sont pas liés par la suite au fonctionnement de ce nouveau service. La recherche de garanties souveraines est donc très importante, plusieurs pays de la région ne sont pas en mesure de faire face au risque de non-remboursement en raison de leur situation financière. Des institutions financières (BEI, BERD) commencent à être associées à ces arrangements financiers en garantissant les prêts accordés par les banques chinoises (Briant, 2018).

Du côté des IDE, les opportunités d'acquérir des actifs sont limitées suite aux privatisations et aux restructurations des entreprises dans la région, qui ont accompagné la mutation des économies de la région. Le volume des IDE chinois réalisés dans la région est faible ; il est même résiduel par rapport aux investissements réalisés dans le reste de l'UE par la Chine (figure 4). L'effet de proximité avec le cœur de l'Europe a fait de la région l'arrière-cour des grands groupes industriels européens. Un nombre limité de pays de la région accapare la plus grande part des IDE chinois. Six pays – la Bulgarie, la République tchèque, la Hongrie, la Pologne, la Roumanie et la Slovaquie – accueillent 95 % des IDE chinois ; le reste, seulement 5 %. Le mode d'entrée des investisseurs chinois par le biais des

---

[7] La rentabilité future de tels projets n'est pas une contrainte, a priori pour les opérateurs chinois. La construction pharaonique du pont reliant Hong Kong à Macao, récemment achevé, ne génère actuellement qu'un flux journalier de 3 000 véhicules alors qu'il devrait en compter entre 9 000 et 12 000 par jour.

acquisitions a nécessairement un effet limité, voire nul en termes d'essaimage, de création d'emplois dans la région.

Figure 4 : IDE chinois (2000-2015) parmi les États membres de l'UE

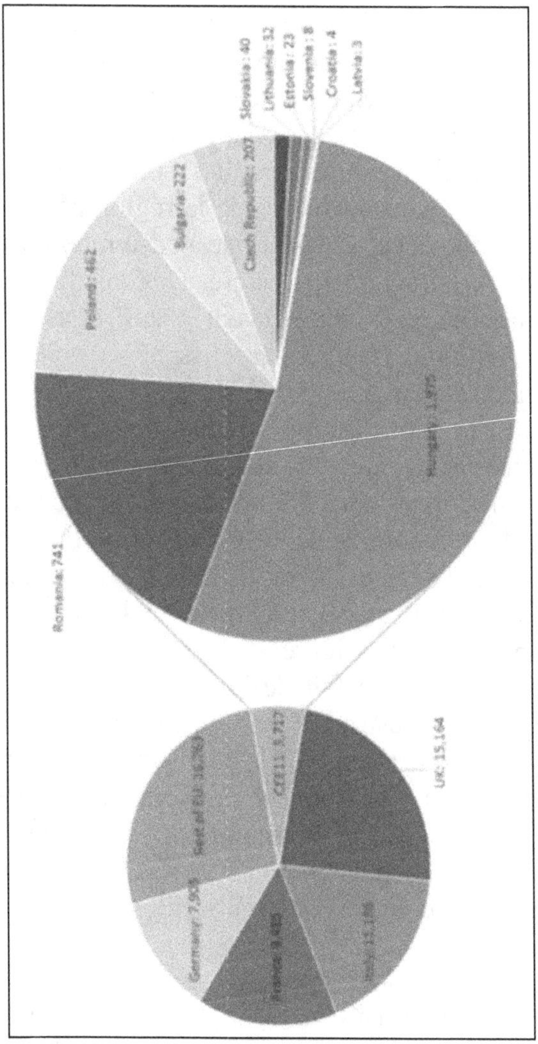

Source : Jacopo Maria Pepe (2017).

Les atouts les plus attractifs ne sont plus nombreux. Les investisseurs chinois ont acquis des entreprises en difficulté qui n'ont pas pu être recapitalisées par des investisseurs nationaux, dans des secteurs comme la sidérurgie (Serbie), les produits chimiques (Hongrie). Ils participent à la modernisation et à l'extension de centrales nucléaires (Roumanie), à la construction et à l'expansion de centrales électriques au charbon en Serbie et en Bosnie-Herzégovine. Ces investissements dans ces secteurs polluants sont financés par les banques politiques chinoises et non par les banques internationales à capitaux chinois – CDB, AIIB – qui lient les crédits au respect de l'environnement.

D'autres secteurs attirent les investissements directs étrangers afin de bénéficier d'un savoir-faire local à plus forte valeur ajoutée (Europe du Nord et centrale, Pays baltes), pour créer une base régionale de ressources dans certains domaines (technologie de l'information en Hongrie, Roumanie) pouvant servir comme tremplin pour pénétrer les marchés de l'UE-15. Dans d'autres cas, tels que les investissements dans l'assemblage de voitures en Bulgarie et la production de batteries électriques en Serbie et Croatie pourraient favoriser l'émergence d'un pôle automobile dans la région. Mais la faillite récente de l'entreprise conjointe bulgaro-chinoise dans l'industrie automobile illustre la difficulté de développer une chaîne de valeur régionale sur des marchés étroits, de type *low-cost*. La participation d'investisseurs chinois à prochaine vague de privatisation d'entreprises en Serbie devrait augmenter la présence chinoise dans l'économie de ce pays et accroître le phénomène de diversification sectorielle sans pouvoir encore mesurer la cohérence de ces participations.

Pour les pays hôtes, la présence chinoise (Tableau 1) est accueillie avec intérêt mais aussi avec un certain scepticisme. Les pays de la région, comme dans d'autres régions d'Europe, déroulent le tapis rouge pour accueillir les investissements chinois. Pour certains, ils sont vus comme un moyen d'échapper à la forte dépendance des firmes occidentales, une dépendance qui a peu de chance de se réduire quand on considère que la plus grande partie de l'investissement, de l'emploi, des exportations sont le fait des firmes multinationales implantées dans les pays de la région, notamment ceux du groupe Visegrad (Hongrie, Pologne, République tchèque, Slovaquie).

Tableau 1 : Présence chinoise en Europe centrale et du Sud-Est

Pays	Investissements
Albanie	Construction d'un tronçon d'autoroute. Financement par la Chine d'un parc industriel dans la ville côtière de Durres. Projet de construction d'un port en eau profonde. Valeur estimée du projet : 2,2 millions d'euros.
Bosnie-Herzégovine	Construction et modernisation par les entreprises chinoises de trois centrales électriques au charbon, investissement dans des projets énergétiques dans la partie serbe (République de Srpska). Financement chinois atteignant 85 % (785 millions d'euros). Projet de construction d'une autre centrale électrique dans l'est du pays par un consortium chinois.
Bulgarie	Investissement en infrastructures dans l'agroalimentaire. Investissement dans la construction d'autobus par Great Wall. Il s'agit de la première entreprise de fabrication de véhicules en Chine dans l'UE, mais le projet a échoué. Projet de participation d'entreprises chinoises pour la construction de l'autoroute de la mer Noire reliant Varna à Burgas. Participation chinoise à la construction d'un nouveau réacteur nucléaire à la centrale de Kozloduy.
Croatie	Projet d'investissement dans le secteur des piles électriques par le constructeur automobile Camel dans la société Rimac Automobili pour une valeur de 30 millions de dollars. Projet d'ouverture d'une compagnie aérienne Chongching-Zadar devant transporter 25 000 touristes chinois pendant les mois d'été.

République tchèque	Investissement dans les services financiers dans une entreprise J & T locale jusqu'à 1,4 milliard d'euros. Sinon, des investissements mineurs. Projets d'investissement dans l'industrie pharmaceutique. 130 millions d'investissements dans les énergies renouvelables.
Estonie	130 millions de dollars d'investissements dans les énergies renouvelables.
Hongrie	Acquisition d'un groupe chimique.
Lettonie	Achat de terrains pour acquérir des permis de séjour dans l'UE contre un investissement minimum de 70 000 € récemment porté à 250 000 €. Les investissements immobiliers représentent 40 % des investissements chinois. Projets d'investissement dans les infrastructures portuaires de Riga, dans les infrastructures de communication avec les trois capitales baltes. Petits investissements dans le secteur agricole.
Lithuanie	Investissements réalisés par Huawei, ZTE, Lenovo, China National Petroleum et SAIC Chery Automobile.
Macédoine	Construction de deux autoroutes financées par la banque Exim pour 680 millions d'euros. Projet de construction du réseau gazier du pays. Participation chinoise à la construction du tronçon macédonien de la ligne de chemin de fer Athènes-Belgrade.
Monténégro	Construction d'une autoroute de 170 km financée à at par la Chine et construite par une firme chinoise. Renouvellement de la flotte monténégrine avec la construction de quatre navires. Investissements dans plusieurs projets énergétiques : centrale hydroélectrique, thermique. Projet de participation à la construction de tronçons autoroutiers dans le cadre du projet « Corridor bleu » qui reliera l'Italie à la Grèce le long de la côte Adriatique.
Pologne	Plus grand pays de la région où le commerce avec la Chine est le plus important, les investissements chinois sont encore faibles. Il devrait augmenter bientôt.
Roumanie	Projet de construction de nouvelles unités de la centrale nucléaire de Cernavoda sur le Danube pour un montant de 6 milliards d'euros. Plusieurs entreprises européennes ont décliné ce marché. Construction (Rovinari) et modernisation (Mintia-Deva) de deux centrales à charbon et d'une centrale hydrothermale (Tarnita-Lapustesti). Présence sur le marché de la construction résidentielle, de l'électronique et des communications (Huawei).

Serbie	Construction d'un pont sur le Danube, une centrale à charbon, qui fait partie du périphérique de Belgrade. Construction de la ligne de chemin de fer à grande vitesse Belgrade-Budapest (déjà bien en retard). Construction d'une autoroute reliant la Serbie au Monténégro. Projets d'investissement dans la construction de voitures électriques, participation de la Chine au programme de privatisation de 18 entreprises d'État.
Slovaquie	Très peu d'investissements chinois dépassant les 100 millions de dollars.

Source : Compilation par l'auteur

Les lignes de chemin de fer fournissent, certes, un accès aux marchandises chinoises mais ne contribuent pas à la création de nombreux emplois, contrairement aux investissements vierges. Par ailleurs, la demande chinoise de produits de la région reste limitée et les échanges demeurent fortement asymétriques (Figure 5).

Plusieurs pays souhaitent étendre leur coopération avec la Chine à d'autres domaines (voies aériennes, tourisme). Faire des investissements vierges plutôt que de construire des chemins de fer, l'ouverture du marché chinois aux produits de la région contribuerait davantage à la création d'emplois. Les analystes soulignent également le scepticisme des dirigeants de la région concernant le véritable engagement de la Chine. Les gouvernements de la région n'oublient pas que leur développement est fondamentalement lié à l'UE et qu'ils ne peuvent ignorer les nombreuses réglementations qui les obligent.

Vrai ancrage régional ou arrosage pour faciliter la traversée de ce segment ? Enfin, la présence économique chinoise dans la région reste faible. En pourcentage, les IDE chinois sont peu élevés et ne représentent qu'une très faible part des IDE chinois dans l'UE. Ils demeurent modestes et concentrés dans quelques pays sans lien apparent avec la dimension des marchés. C'est le cas de la Pologne, le plus grand pays de la région (population, part dans le PIB régional, position géopolitique), qui affiche un des taux les plus bas d'entrée des capitaux chinois[8], des échanges.

La faiblesse de la présence chinoise dans ce pays illustre le positionnement particulier de ces économies de l'Europe centrale : leur degré d'intégration à l'UE sous l'angle des échanges commerciaux et de la présence des investisseurs européens. On retrouve la même chose dans les autres pays du groupe de Visegrad[9].

Certaines analyses mentionnent des interférences, la possibilité de nuisances vis-à-vis de l'UE ou, dans les pays des Balkans (la Serbie en particulier), des moyens de contrer la présence russe. Il n'est pas certain que la Serbie soit l'objet d'un tel enjeu. Le pays reste instable malgré les progrès récents, il est fortement endetté, il est toujours fortement marqué par l'impact des années Milošević (manque d'investissement, destruction de l'OTAN, problème du Kosovo) et, en tant que tel, sa marge de manœuvre est limitée. Se lancer dans un jeu diplomatique incertain.

---

[8] Les investisseurs chinois sont peut-être échaudés par la déconvenue du groupe COVEC qui n'a pas pu achever son projet de construction d'un segment d'autoroute dans l'ouest du pays après avoir remporté le contrat en cassant les prix (Polytika, 16 juin 2011).

[9] Hongrie, Pologne, République tchèque, Slovaquie.

Figure 5 : Volume et composition des échanges entre la Chine et les pays de l'ECSE (2010-2015, US$ mln)

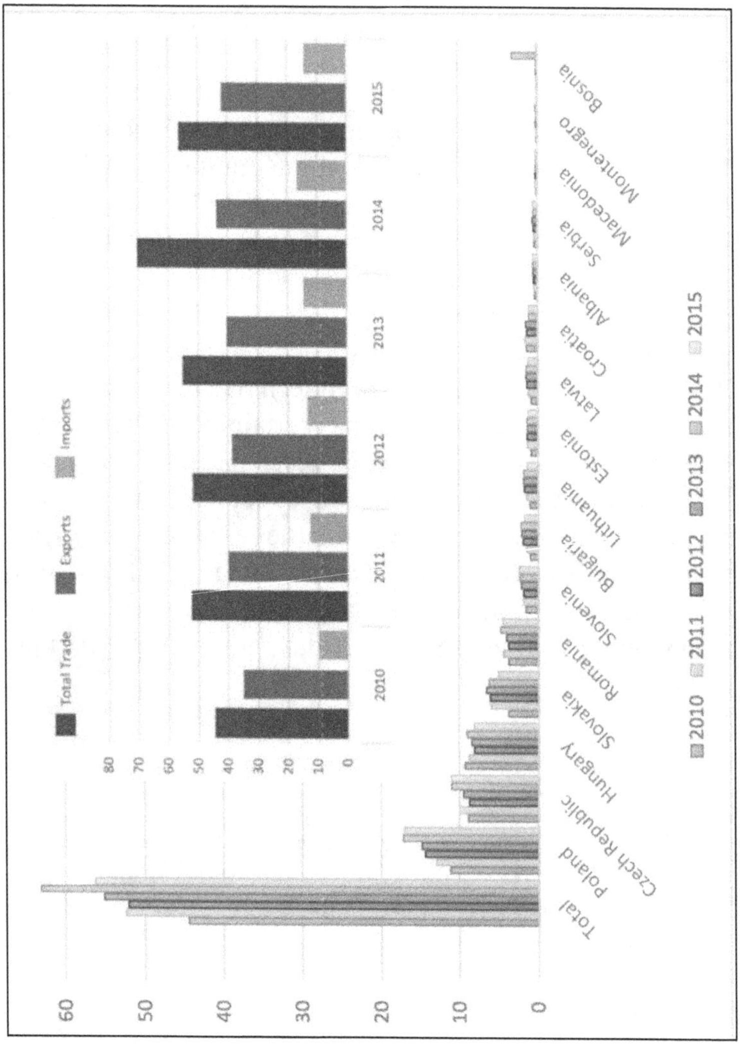

Source : National Bureau of Statistics of China.

En tant que plus grand pays des Balkans occidentaux, toujours lourdement touché par la crise économique qui a suivi l'implosion de l'ex-Yougoslavie, il a de grands besoins en investissements dans de nombreux domaines qu'il ne peut subvenir à ses besoins. Accueillir les investissements chinois dans les infrastructures reste un défi économique plutôt que politique.

3. Mise en œuvre du projet dans les 16 pays : quelques remarques

Pour ses concepteurs, l'Initiative n'est pas un plan, la matérialisation d'un concept, d'une idée qui doit être réalisée rapidement. Comme d'autres grands ouvrages réalisés dans le passé, leur utilité, leur pleine utilisation ne peuvent s'avérer rentables qu'à long terme, même si l'on doit considérer que les motivations qui sous-tendent le lancement de tels programmes s'inscrivent dans une temporalité plus réduite.

La mise en œuvre de ce projet soulève de nombreuses questions d'ordre institutionnel, technique, financier, économique et géopolitique.

Au niveau institutionnel, le Format 16 + 1 reste une construction curieuse : une structure institutionnelle régionale, une feuille de vigne, qui masque un réseau de relations bilatérales qui, apparemment, ne vise pas à unifier les différents projets. Le bilatéralisme reflète l'absence d'une vision globale de la présence chinoise dans la région autour de projets structurants.

D'un point de vue technique, certains d'entre eux entrent dans la catégorie des productions de services, des investissements irréversibles (chemins de fer) dont l'utilisation continuera à faire concurrence à d'autres moyens de transport (notamment maritimes) en termes de coûts. Pour le moment, sur les lignes existantes, le taux d'utilisation reste faible, le coût du transport des marchandises est élevé (et subventionné), entre deux et trois fois le coût des marchandises transportées par voie maritime.

D'autre part, la construction d'autoroutes dans les Balkans répond à des besoins d'infrastructures indispensables, négligés jusqu'à récemment par l'Union européenne. Cependant, la mise en œuvre de ces projets met les pays d'accueil en difficulté (endettement de la Bosnie-Herzégovine, du Monténégro pour financer leur part des investissements), induit une corruption menant à l'abandon de certains projets (construction d'une autoroute en Macédoine). De plus, et c'est une critique que l'on peut trouver dans plusieurs pays, ces investissements, dans des proportions allant à 80 %, sont réalisés par les entreprises et la main-d'œuvre chinoises, de sorte qu'ils ont peu d'impact sur les économies concernées en termes d'emploi, d'essaimage.

L'hétérogénéité du Format 16 + 1 a également des conséquences sur la nature des investissements dans le secteur des infrastructures, comme en témoigne la difficulté de la construction du projet de chemin de fer Belgrade-Budapest (obligation d'appel d'offres). Il amène les entreprises chinoises, dans le cadre de ce projet, à se concentrer sur les 5 pays non encore membres (Les Balkans occidentaux). À ce jour, la mise en œuvre de projets d'infrastructure reste limitée malgré l'ampleur des fonds disponibles. La récente décision prise par le Sommet de Trieste de l'UE en juin 2017 de lancer des projets d'infrastructure pourrait limiter l'offre de la Chine dans ce secteur.

Sur le plan financier, l'ouverture d'une ligne de crédit et la création d'un fonds spécifique ne semblent pas encore attirer beaucoup de projets. La plupart des fonds disponibles n'ont pas encore été engagés. D'une part, il n'y a pas beaucoup de projets d'investissement à financer (les investisseurs chinois ne prennent pas toujours en compte les demandes des pays hôtes, notamment pour la construction d'infrastructures routières (autoroutes en

Roumanie), et d'autre part, le financement européen est également, sinon plus, compétitif. Nous voyons ici l'une des limites de l'initiative : une politique de financement n'incite pas automatiquement les investisseurs chinois ou locaux).

Le résultat, si l'on considère les projets réalisés ou en cours de réalisation, est plutôt une approche de type « archipel » : les investissements réalisés à l'aide de financements chinois font partie du paysage de la région mais ne contribuent pas à l'émergence de pôles de croissance locaux structurés autour de quelques activités ayant des implications fortes en termes de retombées économiques, de création de chaînes de valeur, comme tentent de le faire les firmes chinoises qui acquièrent ou réalisent des investissements nouveaux dans les pays du cœur de l'Europe. L'acquisition d'entreprises locales en Bosnie-Herzégovine (charbon), Serbie (acier), Hongrie (chimie) reflète des opportunités limitées (secteurs en déclin) et risquées. L'entreprise sidérurgique serbe qui a été acquise par une société américaine a été vendue à l'État serbe pour un dollar symbolique. L'investissement dans l'industrie du charbon viole les engagements environnementaux pris par les pays destinataires ainsi que les engagements des banques internationales à capitaux chinois à respecter l'environnement. La faiblesse de l'attractivité locale reflète à la fois les opportunités encore limitées de ces économies toujours en train de converger au sein de l'UE, en particulier dans les pays du Sud, et le fort attrait du cœur de l'Europe pour les investissements chinois.

Il serait tentant de dire qu'associer les parties les moins développées de la Chine[10], censées être les acteurs et les

[10] Encore que les opérateurs chinois qui investissent dans ces projets ne sont pas toujours clairement identifiés. Des firmes de la province de Canton, afin de bénéficier des prêts intéressants, supportent des

bénéficiaires de l'Initiative, aux pays à la périphérie de l'UE conduit nécessairement à une dynamique contrariée en termes de développement des échanges et des investissements.

Cela nous amène au dernier point, géopolitique, induit par la présence chinoise dans cette région. La Chine peut-elle compter sur cette présence croissante pour influencer l'Union européenne ? La présence chinoise présente une opportunité, une alternative, une menace. Opportunité en termes de développement de nouvelles activités (commerce, investissement, fourniture de services), une alternative pour les pays d'accueil ayant besoin d'infrastructures, de débouchés, d'emplois que l'intégration européenne ne peut pas fournir pleinement (pays membres) ou ne pourrait pas fournir (pays en phase d'adhésion) mais limitée en raison de contraintes européennes, d'accès souvent plus facile aux sources de financement de l'UE, enfin en raison du caractère sélectif des opérations d'investissement effectuées par des entreprises chinoises qui voient d'abord leurs propres intérêts ou ne sont pas motivées pour financer des projets souhaités par pays d'accueil. Quant à la menace posée par la présence chinoise, elle semble limitée pour le moment même si elle est fortement soulignée par plusieurs analystes. L'« illibéralisme » affiché par certains pays (Hongrie, Pologne) a ses limites qui sont liées à la forte dépendance de ces économies vis-à-vis de l'UE. Les fonds structurels et de cohésion que la Hongrie a reçus de l'UE représentent près de 6 % du PIB du pays. Plus au sud, l'instabilité politique récurrente (Bosnie-Herzégovine, Serbie-Kosovo) n'incite certainement pas la Chine à intervenir dans ces affaires. Cependant, la Chine peut

---

firmes du Gansu qui peuvent accéder aux crédits bonifiés distribués dans le cadre de l'Initiative B&R.

introduire des divisions sur certaines questions en suspens avec l'UE, comme le prouve, par exemple, le refus de l'ambassadeur de Hongrie à Beijing de signer une déclaration commune avec ses pairs sur la coopération entre l'UE et la Chine ou se démarquer de l'UE sur des votes à l'ONU concernant la question des droits de l'homme en Chine, sur les revendications chinoises dans la Mer de Chine.

Encadré 1. Les Routes de la Soie, un instrument au service de l'hégémonie chinoise ?

Pour plusieurs analystes (Guichard, 2014 ; Godement, 2018 ; Miller, 2017), le déploiement de la Route de la Soie sur différents continents qui s'accompagne de l'internationalisation des entreprises d'État et privées chinoises contribue à l'hégémonie de l'empire du Milieu en alliant développement des échanges, investissements directs étrangers, grands travaux ouvrant la voie, finalement, à la conclusion d'accords sécuritaires et militaires.

En observant les modalités d'entrée et le développement de la présence chinoise dans plusieurs pays d'Amérique latine et d'Europe centrale, un expert roumain, Horia Ciurtin (2018), propose un modèle décrivant les différentes étapes de la pénétration des firmes de ce pays dans ces espaces économiques.

Un modèle d'entrée et de pénétration de la Chine

Phase 1 : ***Les échanges commerciaux***

Les firmes chinoises entrent sur le marché et progressivement prennent des parts de marchés croissantes. Jusqu'à faire de la Chine le principal partenaire économique du pays. La Chine contrôle les flux financiers qui entrent dans le pays. Le pays devient sensible à tout changement de politique commerciale et financière de la part de la Chine.

Phase 2 : ***Les investissements directs étrangers***

Les relations commerciales ouvrent les portes, les IDE les gardent ouvertes pour longtemps. On observe tout d'abord la réalisation d'investissements par les entreprises d'État dans les secteurs concernés par les échanges (matières premières en premier lieu), puis d'autres secteurs.

Ces secteurs deviennent formellement contrôlés par les firmes chinoises. Les facteurs de risques économiques et politiques ne sont pas pris en compte par les investisseurs. Les pays hôtes demeurent souverains mais deviennent dépendants d'une seule source de revenus et d'investissements.

Phase 3 : *Infrastructures*

Des investissements d'infrastructures liés aux industries concernées et à d'autres secteurs (routes, ports, chemins de fer) sont entrepris. Ils sont financés par des prêts chinois à longue maturité, fournis par les banques d'État chinoises et remboursés par les pays récepteurs.

Phase 4 : *Coopération militaire et sécuritaire*

Signature d'accords militaires, de sécurité, achat de matériel militaire, manœuvres conjointes.

Ce modèle rend-il compte de la stratégie chinoise en Europe de l'Est et du Sud-Est ?

Il ne semble pas pouvoir s'appliquer à la présence chinoise en Europe centrale et du Sud-Est. Le niveau des échanges demeure faible et, même dans l'avenir, ne pourrait être inversé au détriment de l'Union européenne qui demeure la principale partenaire des pays de la région. Le volume des IDE est également très faible et ne saurait croître notamment sous leur forme actuelle (acquisitions). Tout ce qui avait été à vendre l'a été lors de la période de transition. En outre, les IDE pratiqués par la Chine ont très peu et, pour ainsi dire, pas d'effets d'essaimage. Seuls des investissements vierges pourraient inverser cette tendance.

La réalisation d'infrastructures dans les pays de la région peut représenter une forme de dépendance pour ce qui concerne leur remboursement (niveau élevé d'endettement pour certains pays récepteurs comme le Monténégro, la Bosnie-Herzégovine).

Quant à la coopération militaire, elle est limitée et ne semble pas pouvoir se développer dans le futur, y compris en Serbie. Tous les autres pays sont membres, ou futurs membres de l'OTAN.

Conclusion

Le projet BRI en est encore à ses balbutiements et de nombreux investissements ne sont pas encore terminés ou n'ont pas encore atteint leur maturité et n'ont pas encore été utilisés, notamment en ce qui concerne le développement des itinéraires terrestres, accompagnés des investissements permettant leur utilisation optimale. Ils pourraient induire dans le futur, selon de récentes études, une forte croissance des échanges dans les régions des pays balkaniques (Briant, 2018).

Cependant, nous voyons se dessiner les contours de ce projet ambitieux qui, selon les spécialistes chinois, relève davantage d'un état d'esprit, d'un nouveau concept d'échanges fondé sur la coopération que d'un cadre rigide imposé aux partenaires participants.

Plusieurs leçons intéressantes peuvent déjà être tirées.

Recycler les excédents financiers du commerce en créant de nouveaux canaux d'échanges centrés sur les intérêts de la Chine : approvisionnement et sécurisation des ressources, accès à de nouveaux terminaux, nouveaux ports.

Une logique de pénétration de marché favorisant les entreprises chinoises, notamment étatiques, dans les secteurs où la Chine possède des compétences et des surcapacités, où elle étend à l'étranger ce qu'elle a réalisé sur son territoire (réseaux d'autoroutes et de voies ferrées).

Cette politique repose sur des ressources financières substantielles et des conditions d'allocation favorables pour les emprunteurs, presque toutes les entreprises chinoises, en particulier les banques politiques, à l'appui de ses stratégies de développement.

La mise en œuvre de ces projets n'a, pour le moment, d'effet intégrateur et structurant ; elle induit d'importantes asymétries pas encore entre les partenaires (pays, entreprises) proches et éloignés, comme nous l'avons vu sur cette section de la Route, à l'avantage de la Chine. En Asie, la mise en œuvre de ce projet reflète la puissance croissante de la Chine et alimente les tensions entre les partenaires du groupe BRICS (Russie, Inde). En Europe, la présence chinoise est moins importante, l'ECSE reste un lieu de passage et pas encore d'ancrage : le marché de l'UE-15 et en particulier ceux du cœur de l'Europe sont des cibles plus importantes mais plus difficiles à atteindre et qui risquent de le devenir de plus en plus (BDI, 2019).

Ce projet comporte des risques. Premièrement, ceux liés à sa rentabilité : l'infrastructure générera-t-elle suffisamment d'activités pour assurer la rentabilité des investissements ? La Chine est-elle assurée de générer annuellement, par le biais de ses échanges, le niveau de ressources nécessaire pour financer les projets ? La politique de contrôle des investissements externes ne dirigera-t-elle pas les investissements vers des investissements moins rentables ? Les observateurs les plus pessimistes à Beijing établissent un parallèle avec le Grand Bond en avant.

Enfin, il ne faut pas négliger les risques politiques et financiers, en particulier avec plusieurs pays d'accueil (dont certains ne seront pas en mesure de rembourser), les voisins s'inquiétant de la montée en puissance de la Chine et de ne pas bénéficier de ce projet présenté comme une solution « gagnant-gagnant » par ses promoteurs mais perçu comme « perdant-gagnant » par ses récepteurs.

Bibliographie

Barisitz Stephan & Alice Radzyner (2018): "The New Silk road: Implication for Europe", *SUERF Policy Note,* Issue n° 25, January.

BDI (2019): "Partner and Systemic Competitor. How Do We Deal with China's State-Controlled Economy ?", *Policy paper* : https://english.bdi.eu/media/publications/#/publication/news/china-partner-and-systemic-competitor

Benner Thorsten and alii (2018): "Authoritarian Advance. Responding to China's Growing Political Influence in Europe", gppi.net

Chagnollaud Jean-Paul et Xavier Richet (éds.) (2018) : *L'Europe. Approches géopolitiques et économiques,* Paris, L'Harmattan.

Chen Xin (ed.) (2018): *16+1 Cooperation and China-EU Relationship*, Budapest, China-CEE Institute.

China's Analysis (2016) "Investment in influence: the future of 16+1 cooperation", *European Council on Foreign Relations*, Londres.

Chinagoabroad (2018): "Belt and Road Opportunities in Central and Eastern Europe", in www.chinagoabroad

Ciurtin Horia (2018): "A Dragon in the Powder Keg: China's Mercantile Quest in the Balkans", Bucharest, New Strategy Center, *Policy paper*.

Deloitte (2018): *Embracing the BRI ecosystem in 2O18. Navigating pitfalls and seizing opportunities,* Deloitte Insight.

Frankopan Peter (2018) : *Les nouvelles routes de la soie*, Bruxelles, Éditions Nevicata.

Godement François, Abigaël Vasselier (2018) : *La Chine à nos portes. Une stratégie pour l'Europe*, Paris, Odile Jacob.

Guichard Jean-Paul (2014) : *L'État-Parti chinois et les multinationales. L'inquiétante alliance,* Paris, L'Harmattan.

Ardian Hackaj (2018): "China and Western Balkans", *Policy Brief*, Tirana, Cooperation & Development Institute.

Hanemann Thilo & Mikko Huatari (2018): "Chinese FDI in Europe in 2017. Rapid recovery after initial slowdown", *Paper on China*, Meric, 17/04/2018.

Jacopo Maria Pepe (2017): "China's Inroads into Central, Eastern, and South Eastern Europe. Implications for Germany and the EU", DGAP Analyse, n° 3.

Bastian Jens (2018), "Infrastructures and Transnational Governance: the New Crossroads of the Belt and Road Initiative", *Policy Brief*, School of Transnational Governance, European University Institute.

Miller Tom (2017) : *China's Asian Dream : Empire building along the New Silk Road,* London, Zed Books.

Pairault Thierry (2019) : « Ports "chinois" et nouvelles routes de la soie », Présentation PPT, Séminaire BRIC, Fondation Maison des Sciences, Paris, www.brics.hypotheses.org

Richet Xavier (2016) : « Les investissements directs étrangers chinois en Europe. Stratégies et localisation », *in* Violaine Delteil et Ruxandra Ivan (sous la direction de) : *Trajectoires de transformation et d'intégration dans l'Europe du Sud-Est*, Bucarest, Éditions de l'Université de Bucarest, col. Le politique sans frontières.

Richet Xavier (2018) : « Post-Brexit, post-populism : quels scénarios pour l'Europe ? », *in* Chagnollaud et Richet (sous la direction de) *(2018).*

Stumvoll Magda, Tobias Flessenkemper (2018): "China's Balkans Silk road: Does it pave of block the way of Welstern Balkans to the European Union ?", *CIFE*, 14 February.

Tschinderle Franziska (2018): "A Silk Road for the Balkans. China is buying into South-Eastern Europe – with political consequences as is becoming evident in Serbia", Erstesttiftung. org-voice and ideas of civil society.
Vörös Zoltan (2018): "Who Benefits From the Chinese-Built Hungary-Serbia Railway ? The details behind the project make it clear that China is the real winner", *The Diplomat*, January 4.
Xinhua (2018): "Full text of China's Policy Paper on the European Union", *China Daily*, 18 December.
Zhang Wenxian, Ilan Alon, Christoph Lattemann (eds.) (2018): *China's Belt and Road Initiative. Changing the rules of Globalization*, London, Palgrave.

L'Europe et la Chine dans le monde globalisé. Les effets géopolitiques de la nouvelle route de la soie

Katja Banik*

L'arrivée au pouvoir de Donald Trump, la politique « *America first* » et l'annonce de la part du président chinois XI Jinping de revitaliser les routes de la soie « une Ceinture, une Route » – *Belt and Road Initiative* (BRI) – sont des événements marquants un tournement radical dans la mondialisation.

La montée du culte de la personnalité du président chinois, l'introduction du « *CSC-China Social Credit System* » et enfin la crise de confiance au sein des pays membres de l'Union européenne (UE) – qui s'est concrétisée en outre par la sortie de la Grande-Bretagne de l'Union (*Brexit*) – reflètent aussi l'état actuel de notre monde globalisé qui traverse un moment décisif de son histoire.

---

* Chercheuse, associée, ICEE, Université Sorbonne Nouvelle. Spécialiste des questions géopolitiques, docteure de l'Université de la Sorbonne Nouvelle, intervenante sur les relations géopolitiques Chine-Europe, rédactrice en chef et l'auteure de l'ouvrage *Les relations Chine-Europe : à la croisée des chemins chez L'Harmattan.*

« G deux », « G zéro » et le monde multipolaire

En mettant en place des mesures protectionnistes, les deux superpuissances, les États-Unis et la Chine, sont en guerre commerciale. L'annonce de la part des États-Unis d'imposer des droits de douane sur les importations, entre autres, de l'acier et de l'aluminium, a suscité de la part de la Chine d'imposer de son côté aussi des droits de douane sur plus d'une centaine de produits américains. Jusqu'à mi-juillet 2018, la valeur d'échanges taxée entre la Chine et les États-Unis s'élève à 100 milliards de dollars. Selon les experts, cela va réduire le commerce mondial (-0,5 %) ainsi que la croissance économique de la Chine et des États-Unis entre -0,1 % et -0,3 %[1].

Prise entre ces deux puissances, l'Union européenne réplique de la même façon, c'est-à-dire en imposant des droits de douane sur l'équivalent de 2,8 milliards d'euros[2] sur certains produits américains. Plus que jamais désunie, l'Europe doit faire face au *Brexit* et ses impacts sur l'ensemble de l'Union. Le mécontentement des citoyens européens concernant l'efficacité de l'UE ne cesse de croître. L'avenir de l'Europe, l'identité européenne et le rôle de l'Union dans la mondialisation sont remis en cause.

Il semble bien qu'on vit actuellement le scénario d'un monde « G zéro », un monde dans lequel aucun pays, aucune région ou bien aucun groupe n'est en mesure de jouer un rôle de leader sur la scène internationale. Bien au contraire, le monde « G zéro » est caractérisé par la mise en place d'une multitude de stratégies politiques caractérisées par la façon de « chacun pour soi ». Chaque pays ou bien chaque région essaie de trouver des solutions efficaces

---

[1] Le Figaro.fr 22/08/2018

[2] https://www.challenges.fr/monde/l-ue-replique-aux-droits-de-douane-us_594219

afin de faire face aux défis de la mondialisation, très souvent au désavantage des autres pays.

Est-ce que ce monde « G zéro » va aboutir finalement à un monde *« G deux »* dans lequel tout va dépendre des relations entre les États-Unis et la Chine ?

L'UE est alors plus que jamais demandée à formuler des stratégies communes face à ces deux superpuissances.

Ou est-ce que, finalement, la multipolarité l'emporte ? Une multipolarité de coopération paisible entre les pays. Un monde dans lequel les différents acteurs agissent, certes en compétition, mais à la façon complémentaire. Les nouveaux règlements et standards internationaux encadrent alors ce nouvel ordre mondial « cosmopolitique »[3] tout en évitant des conflits militaires. Un monde dans lequel surtout l'UE a la chance de définir enfin sa stratégie géopolitique face aux superpuissances pour ne pas devenir le jouet des intérêts, notamment de la Chine et des États-Unis.

Dans cette contribution, après avoir rappelé les caractéristiques principales de la mondialisation, de l'internationalisation, de l'enjeu entre les États-nations et des forces transnationales (introduction), on analyse l'initiative BRI – comme un instrument géopolitique de gestion et de puissance faisant partie intégrante de la *grande stratégie* de la Chine (section 1). Ensuite, on explore les impacts du *Belt & Road* et de la stratégie de « *China first* » sur l'Europe (section 2). Finalement, on explique l'importance de concilier nos différences et de cultiver une identité de cœur, selon la vision géopolitique de Jacques Ancel.

---

[3] Nida-Rümelin (2017) : *Über Grenzen denken*, p. 178.

Introduction. Mondialisation, déterritorialisation et transnationalisation

La géopolitique – étude entre l'espace et le pouvoir – est au centre de cette contribution. En effet, la mondialisation, c'est-à-dire les mouvements transfrontaliers des hommes, des marchandises, des services, des capitaux et des informations, n'est pas un phénomène nouveau. Ce qui est nouveau est l'interdépendance accrue entre les États-nations et l'impact des différents acteurs non gouvernementaux (par ex., les entreprises internationales, les groupes d'intérêts, les ONG) sur le plan international. Aussi, il y a une compétition accrue entre les forces nationales issues de l'ancien ordre mondial du traité de la *Westphalie* et les nouvelles forces transnationales issues de la mondialisation.

Les réponses politiques, c'est-à-dire l'internationalisation, face à la mondialisation sont très variées – voire parfois conflictuelles. Il y a alors plusieurs actions politiques : d'un côté, il y a des mesures de protectionnisme (droit de douane, protection des frontières, retour à la grammaire des États-nations, par ex., en Europe…). De l'autre côté, il y a des mesures d'ouverture et d'expansion économique, la reconquête des anciennes routes de la soie en passant par la volonté d'harmoniser les politiques commerciales et de défense européennes (par ex., la Politique de sécurité et de défense commune, partie intégrante de la politique étrangère et de sécurité commune).

Les forces transnationales issues de la déterritorialisation et les forces traditionnelles nationales sont en compétition, surtout en ce qui concerne d'assurer les ressources naturelles. De plus, grâce à l'Internet et le réseautage, la population mondiale a une connaissance accrue notamment concernant les effets néfastes de la mondialisation. En effet, il y a des gagnants mais aussi des perdants. Le commerce international est caractérisé par, d'un côté, des excédents massifs dans certains pays ou dans certaine région et, de l'autre côté, par des déficits importants dans certains pays. La criminalité économique mondiale, les transactions illicites et le blanchiment d'argent sont monnaie courante.

Il y a une accumulation de richesse dans quelques régions, souvent contrôlée par une élite politico-économique. Cette injustice nourrit de plus en plus la méfiance des citoyens envers leurs classes politiques respectives. Ce qui provoque une montée des conflits sociaux et des mouvements de contestation. L'efficacité du système démocratique est remise en question.

Toutefois, il y a des défis communs qui unissent tous les acteurs de cet enjeu géopolitique. Ce sont, en outre, le terrorisme international, les effets du changement climatique et ses effets sur la production alimentaire, la compétition des ressources naturelles, les crises économiques, sociales et politiques chroniques dues notamment à la montée d'une économie globale illicite et opaque, un désintérêt politique généralisé et enfin, la numérisation entraînant un changement radical du monde de travail.

Les institutions et les organisations internationales actuelles n'offrent plus de solutions efficaces. L'ancien ordre mondial issu de la logique de la Deuxième Guerre mondiale se décline tant le nouvel ordre mondial n'a pas encore vu le jour.

1. Le *Belt & Road* : une stratégie « China first »

L'annonce de XI Jinping en 2013 de revitaliser les anciennes routes de la soie a marqué une tournure dans la politique de la Chine. En effet, ce vaste projet d'infrastructure et de réseau commercial couvre un espace d'une grande importance au niveau géopolitique et commercial – la région Eurasie. Ce projet permet d'améliorer la connectivité entre la Chine et les pays voisins autour de « cette ceinture ». Ce n'est pas un seul projet, il n'y a pas de plan directeur, mais c'est plutôt une multitude de routes, des voies ferrées et maritimes. On inclut aussi la *Pacific Silk Road* qui passe par l'océan Arctique et la *Digital Silk Road* qui couvre le cyberespace[4]. Le *Belt & Road* est aussi considéré comme « la route de XI Jinping », ce qui souligne encore plus fortement le culte de sa personnalité.

Le BRI (Figure 1) prévoit avant tout de grands projets d'infrastructure. Le plan d'action de 2015 annonce alors le *Silk Road Economic Belt (SREB)* et le *Maritime Silk Road Belt (MSR)* avec en tout 6 corridors. Les routes et les voies maritimes relient la Chine aux pays d'Asie centrale, à la Russie et enfin à l'Europe mais surtout à l'Afrique afin de sécuriser les ressources naturelles, notamment le pétrole.

En Eurasie, le BRI couvre en tout un espace de plus de 65 pays avec une population de plus de 3 milliards sous le *leitmotiv* du Parti communiste de Chine (PCC) *de « développer la richesse de la région, préserver la paix, l'amitié et la confiance ainsi que la compréhension ».*

---

[4] The Economist : *All under one heaven, all roads led to Beijing.*

Figure 1 : Une Ceinture, une Route, Belt & Road Initiative (BRI)

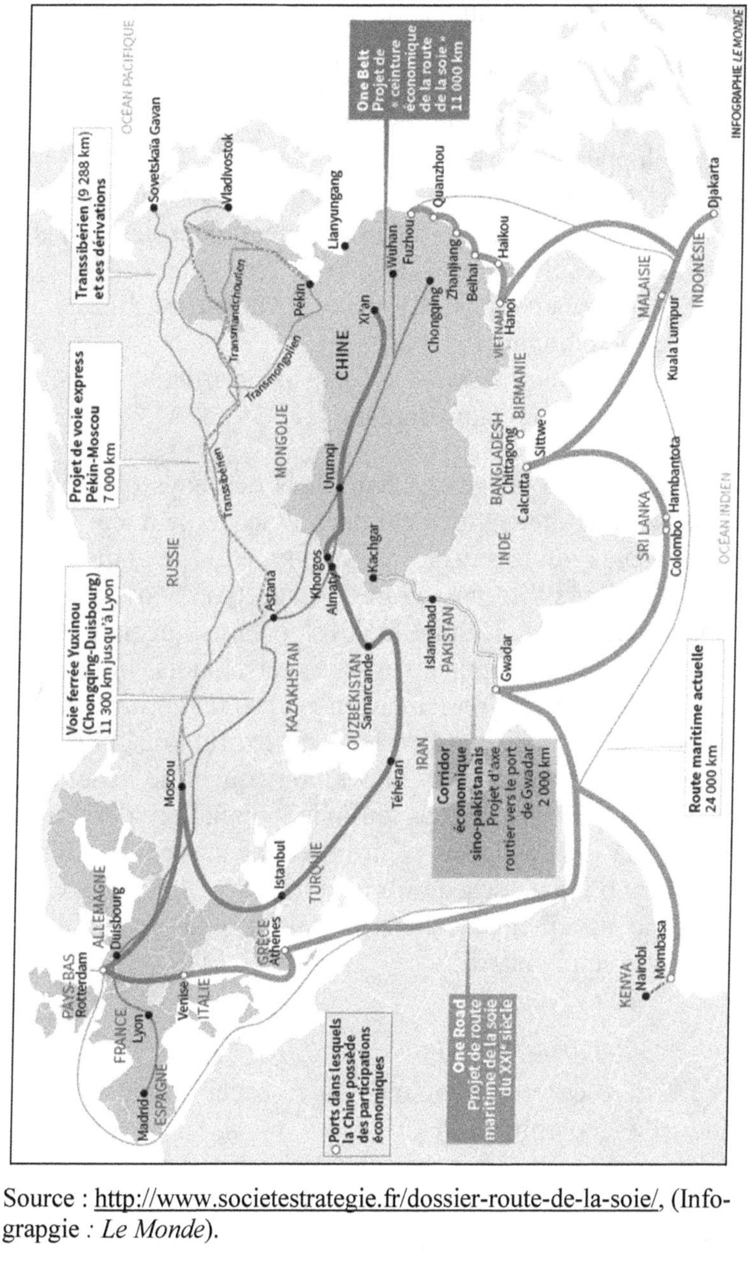

Source : http://www.societestrategie.fr/dossier-route-de-la-soie/, (Info-grapgie : *Le Monde*).

Afin d'assurer le financement de ce vaste projet d'infrastructure, la Chine a établi notamment deux institutions, des instruments complémentaires et non conflictuels, au Fonds monétaire international (FMI), à la Banque mondiale (World Bank) et à la Banque asiatique du développement (ADB) :

- *AIIB (Asian Infrastructure Investment Bank)* – la banque asiatique d'investissement pour les infrastructures : 57 pays membres (en outre, les pays européens comme la France, l'Allemagne, l'Italie et le Luxembourg).
- Le *Silk Road Fund* – le fonds de la route de la soie, un fonds souverain chinois.

Beaucoup de dirigeants politiques des pays qui se situent le long de cette « ceinture » accueillent ce vaste projet à bras ouverts. Car cela va permettre une amélioration de leurs infrastructures respectives, assurer la connectivité et par la suite le développement économique. Mais comme pour tout investissement chinois, le respect des standards et des règlements n'est pas une priorité de la Chine. La corruption et l'opacité sur les flux des investissements en provenance de la Chine risquent de bénéficier plus aux élites politiques qu'à la population des pays. Aussi, la dépendance entre récipiendaire et donateurs provoque un déséquilibre en faveur de la Chine. Cela empêche justement l'autonomie sur le plan économique des pays récipiendaires.

La méta-stratégie chinoise

Derrière ce projet commercial se cache avant tout une nouvelle idéologie du PCC.

En effet, le but principal du BRI est de sécuriser et de contrôler les routes de transport des ressources naturelles, notamment celles du pétrole et du gaz. Au fond, alors, les routes de transport qui relient les pays africains, producteurs des ressources, aux sites de production situés en Chine.

Le couloir le plus important est le couloir économique Chine-Pakistan (China-Pakistan Economic Corridor – CPEC). Ce couloir relie la ville de Kashi en Chine à la ville portuaire de Gwadar en Pakistan. Le CPEC fait partie intégrante de la *grande stratégie* de la Chine. Quasiment 80 % des transports passent par la route de Malacca (Figure 2). Par conséquent, ce nouveau couloir « Chine-Pakistan » va réduire considérablement le temps de transport. De plus, le CPEC permettra d'améliorer l'infrastructure pakistanaise en accueillant des investissements massifs chinois. Cela va sans doute non seulement développer l'économie pakistanaise, réduire la pénurie d'énergie dans ce pays et augmenter la productivité mais aussi accentuer la dépendance du Pakistan vis-à-vis de la Chine. Car le financement des projets d'infrastructure se fait par des prêts concessionnels et commerciaux[5] [6]. Aussi, cela alimentera la corruption déjà bien établie au Pakistan.

---

[5] https://www.ifri.org/fr/publications/notes-de-lifri/asie-visions/couloir-economique-chine-pakistan-nouvelle-geopolitique

[6] Luchnikava-Schorsch Hanna (2018).

Figure 2 : Le couloir économique Chine-Pakistan (CECP)

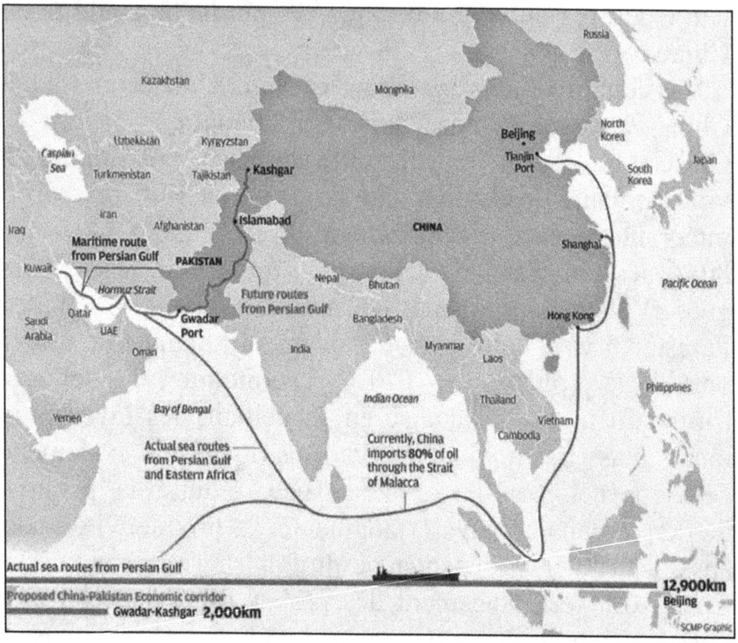

Source : South China Morning Post Graphic.

Par conséquent, il est nécessaire d'envisager cette Initiative *Belt & Road* non seulement comme instrument de puissance de la Chine mais aussi comme la méta-stratégie à l'échelle mondiale en vue de proposer un ordre mondial alternatif, au moins au niveau commercial, à l'ordre libéral établi par l'Occident.

C'est la raison pour laquelle les aspects géopolitiques, stratégiques et militaires sont à considérer plus que les aspects économiques.

Les nouvelles voies maritimes et la construction des ports ne servent pas uniquement à des fins commerciales. Aussi, ces ports peuvent servir comme des bases militaires pour la marine chinoise. Ainsi, l'Armée populaire de libération (APL) a inauguré en 2017 sa première base navale maritime à l'étranger, à Djibouti[7]. Avec un effectif de 400 militaires, l'APL a déclaré de vouloir soutenir les opérations de maintien de la paix des Nations Unies et ses opérations navales notamment dans l'océan indien. Mais cette présence militaire de la Chine préoccupe non seulement les États-Unis mais aussi l'Inde. Justement, les relations entre l'Inde et la Chine sont déjà conflictuelles, en outre, concernant les territoires en Himalaya.

Le CECP travers des régions à haut risque comme, par ex., la région automne le Xinjiang et la région frontalière nord/ouest Pakistan/Afghanistan. Par conséquent, tout au long de ce couloir, l'armée chinoise sécurise les sites de construction d'infrastructure, les routes de transports et les ports.

Dans cette logique, *Belt & Road* est une stratégie qui sert avant tout les intérêts chinois. Certes, cette nouvelle route de la soie offre des opportunités commerciales aux entreprises non seulement en Asie mais aussi en Europe. Mais deux aspects sont importants : d'un côté, le BRI est un outil idéologique afin de garder la stabilité intérieure de la Chine, c'est-à-dire la mainmise au pouvoir du PCC et, de l'autre côté, le BRI est une nouvelle stratégie unifiant les intérêts civils et militaires sous le terme de « sécurité ».

L'idéologie

Tant que l'Europe cherche toujours sa nouvelle vision, la Chine, en revanche, a déjà donné un deuxième souffle à sa vision géopolitique. En effet, l'ouverture économique aux investissements étrangers en 1978 et la permission accordée aux paysans de garder la surproduction étaient le début du capitalisme en Chine. L'esprit entrepreneur avait alors pour but de rattraper le retard technique et technolo-

---

[7] http://www.opex360.com/2017/08/01/la-chine-inaugure-djibouti-sa-premiere-base-navale-letranger/

gique. Cette mobilisation de la population chinoise, souvent inactive, avait alors assuré l'unité nationale sous l'idéologie « de devenir riche ».

Après des années de croissance économique et de richesse accumulée, le PCC se donne, avec notamment le BRI, non seulement une nouvelle justification de maintenir son pouvoir mais aussi une nouvelle idéologie afin de garder l'unité du Parti, la stabilité intérieure et l'unité nationale.

Avec l'appui de la population chinoise, le président XI Jinping fortifie sa position au pouvoir. Et le régime autoritaire se renforce. Sur le plan international, l'économie chinoise fait partie intégrante des chaînes de la production mondiale. Et ce qui est remarquable : la Chine devient de plus en plus un pays d'innovation, surtout au niveau numérique.

Sur le plan extérieur, la Chine montre ses muscles, en outre, en Mer de Chine méridionale « ... *dans les archipels des Paracels ou des Spratleys des îlots en bases militaires. Le gouvernement y construit des ports et des pistes d'atterrissage* »[8].

Assuré par sa position forte au niveau géopolitique, le gouvernement chinois entame une politique extérieure plus assertive.

Sur le plan intérieur, le gouvernement chinois gère le pays comme une entreprise globale. Les plans quinquennaux sont un outil de gestion afin de déterminer les stratégies économiques des entreprises d'État (EE) chinoises à l'intérieur et à l'extérieur. La priorité est d'assurer et d'augmenter le niveau de vie de la population chinoise. Ceci légitime la persistance du PCC au pouvoir. La vision BRI alors mobilise et assure l'unité, la stabilité et

---

[8] http://www.rfi.fr/asie-pacifique/20171226-pekin-renforce-implantation-mer-chine-meridionale

l'harmonie de la Chine tout entière. Avec la montée du culte de la personnalité, la Chine devient de plus en plus une puissance révisionniste.

La nouvelle stratégie de sécurité

Comme déjà mentionné, le BRI est avant tout une initiative à caractère « géostratégique – militaire ». Car elle unifie les intérêts civils et militaires sous la notion « sécurité ». En effet, les intérêts sont au centre de toutes décisions et d'actions au niveau politique et économique.

Avec la devise « sécurité », la stratégie politique chinoise a pour but de préserver les intérêts nationaux sur le plan intérieur et international.

On différencie alors plusieurs dimensions de « sécurité » : la souveraineté nationale, l'unification du pays, la sécurité militaire, économique, culturelle, sociale, scientifique et technologie, ainsi que l'information, l'environnement, les ressources et, enfin, la sécurité nucléaire[9].

Cette grande stratégie de sécurité a pour objectif principal de préserver l'unité du pays, d'empêcher les émeutes sociales et de légitimer le pouvoir du président chinois XI Jinping et du PCC.

En conclusion, on peut constater les pays autour de l'Union européenne poursuivre bien une stratégie en plaçant les intérêts nationaux au centre de leurs actions politiques respectives. Les États-Unis et la vision « *America first* » de Trump, le renforcement du régime autoritaire en Chine, le nouveau culte de la personnalité de XI Jinping, le retour du culte de Mao, le BRI – tout cela est des actions finalement guidées par des idéologies nationales.

---

[9] China's military strategy (2015), The State of Council Information Office of the PR China.

Au niveau international, l'ordre mondial pourrait alors être dominé par les superpuissances comme la Chine, les États-Unis et aussi la Russie. Dues à la faiblesse des organisations internationales, les idéologies l'emportent et déterminent l'ordre mondial.

L'échec du projet européen pourra devenir la cruelle réalité si l'Europe ne trouve rapidement aussi sa nouvelle vision, tout en évitant des aspects idéologiques, en formulant ses intérêts.

2. Le BRI et l'UE – une chance pour l'Europe ?

Les relations diplomatiques entre l'Europe et la Chine ont débuté en 1975. Depuis, il y a régulièrement des rencontres ministérielles et des sommets sino-européens. Plus de 60 accords sectoriels sont conclus. Le commerce des marchandises entre la Chine et l'UE a une valeur de plus de 1,5 milliard d'euros par jour[10].

L'UE est pour la Chine le principal partenaire commercial ; et pour l'Europe, la Chine se classe au deuxième rang après les États-Unis.

---

[10] Eurostat (2018).

Tableau 1 : La Chine et les principaux partenaires commerciaux de l'UE

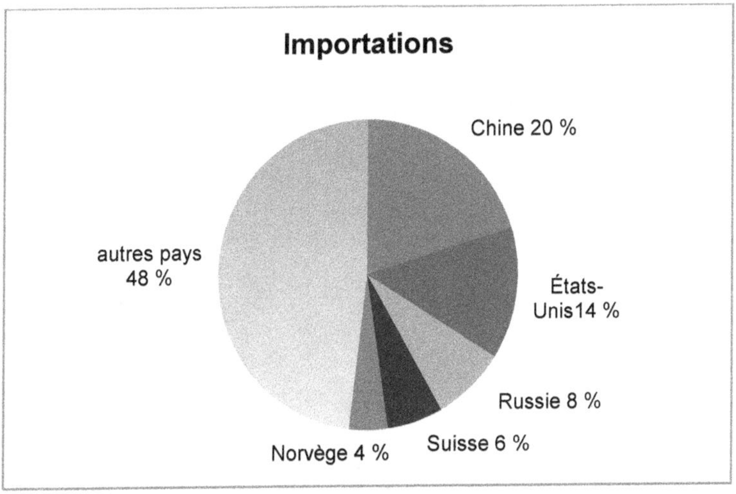

Source : Eurostat, 2017.

Depuis des années, la balance commerciale entre l'UE et la Chine est déficitaire. En 2017, le déficit entre l'UE et la Chine se monte à -176,4 milliards d'euros.

Un conflit constant entre l'Europe et la Chine. Malgré de nombreuses discussions entre la Chine et l'UE, le déséquilibre pour la plupart des pays persiste, sauf pour l'Allemagne, la Finlande et l'Ireland[11].

[11] Eurostat (2018) : à noter chiffres « l'effet Rotterdam ».

Figure 3 : La balance commerciale UE et Chine (2008-2017)

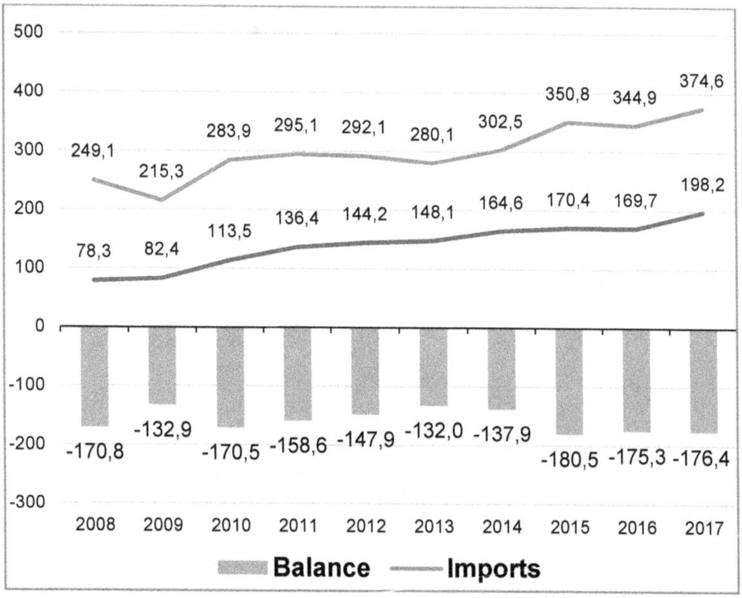

Source : Eurostat, 2018.

En 2016, l'UE a adopté une nouvelle stratégie *new strategy on China* qui essaie de répondre plus efficacement à l'ampleur de la puissance économique chinoise et à son rôle d'acteur global de plus en plus croissant[12]. Une nouvelle stratégie qui complète la coopération stratégique « l'agenda UE-China 2020 ». L'année 2018 marque le 15e anniversaire de cette coopération stratégique[13]. De plus, l'UE est en train de négocier avec la Chine un accord sur les investissements afin d'assurer les opportunités équitables pour les deux acteurs. L'UE veut aussi encourager la Chine à donner un rôle plus important aux mécanismes

---

[12] https://eeas.europa.eu/delegations/china_en/15397/Elements%20for%20a%20New%20EU%20Strategy%20on%20China

[13] https://eeas.europa.eu/headquarters/headquarters-homepage/15394/china-and-eu_en

du marché et réduire par la suite les interventions étatiques chinoises.

L'agenda 2020 ne semble pas avoir du succès. La Chine n'est pas vraiment intéressée à accepter les normes et les standards européens. Elle poursuit toujours la stratégie *divide and rule*, « diviser pour mieux régner » en Europe.

En effet, le projet *BRI* amplifie encore plus les négociations de la Chine avec les pays de l'Europe de l'Est – les *16 + 1 rencontres*. Ces *16 + 1* risquent une émancipation des pays de l'Europe de l'Est vis-à-vis de Bruxelles.

La Chine poursuit sa tactique de négociations à 3 niveaux : c'est-à-dire avec les institutions européennes, les différents pays membres et enfin avec l'ensemble de l'Europe de l'Est (*16 + 1*)

Quand on analyse les investissements étrangers chinois, le gouvernement continue à investir massivement en Europe, toujours un peu à la façon pique-assiette. Les destinations préférées de la Chine sont la Grande-Bretagne (secteur financier), l'Allemagne (*Mittelstand* /machine-outil, secteur automobile, la France (tourisme, cosmétique, loisir, vin…), la Grèce (infrastructure) et le Portugal (secteur immobilier).

Les échanges commerciaux ne cessent de croître et, ainsi, l'interdépendance des pays de l'UE et la Chine.

Le flux des investissements en Europe en provenance de la Chine s'élève à 10,2 milliards d'euros (2016) et les investissements de l'UE en Chine se montent à 12,8 milliards d'euros (2016)[14]. Même si la Chine investit de plus en plus en Europe, il faut relativiser l'impact sur le continent européen. Car sur le total des IDE placés par la Chine, l'Europe détient seulement une part d'environ 5 %-6 %.

---

[14] Eurostat (2018).

L'Asie – notamment Hong Kong (75,5 %), Singapour (3,7 %) suivi de Taïwan (3,6 %), Corée du Sud (2,8 %), Japon (2,5 %) – accueille toujours la majorité des investissements chinois. Les États-Unis accueillent 2,4 %, les Pays-Bas 1,7 % et l'Allemagne reçoit 1,2 % du total des IDE chinois à l'étranger[15].

Dans la région asiatique, les projets d'infrastructure du BRI vont avoir un impact très important dans les années à venir.

Même si l'Europe se trouve quasiment à la fin ou bien au bout de cette nouvelle route de la soie, les pays membres de l'Europe de l'Est sont, depuis le BRI, au centre de l'intérêt de la Chine. Surtout la Pologne et aussi les pays baltiques peuvent servir comme point d'arrivée des marchandises transportées par la route de la soie.

Le BRI peut alors être un catalyseur afin de rééquilibrer les relations commerciales en faveur de l'Europe dans sa totalité, mais seulement si l'UE trouve une stratégie commune face à cette initiative. Il est alors important de ne pas tomber dans le piège de la compétition intra-européenne, ni de se laisser diviser par la Chine.

Au contraire, il faut formuler des intérêts européens communs afin de protéger les industries et les secteurs clés de l'UE et privilégier les acteurs européens.

Il est nécessaire avant tout de coopérer plus étroitement avec des pays pro-européens et surtout surveiller et guider des investissements chinois sur l'ensemble du continent européen. Avec le BRI, les fondements du commerce mondial changent à moyen terme. L'UE risque de donner encore plus accès aux hautes technologies européennes. Ce qui signifie un danger réel car la Chine, comme nous l'avons déjà constaté, lie les intérêts civils et les intérêts militaires. Par conséquent, l'influence et la puissance géo-

---

[15] GTAI (2018) : *Wirtschaftsdaten kompakt VR China.*

politique-militaire de la Chine peuvent avoir un impact en Europe, surtout en Europe de l'Est.

Le BRI est avant tout une idéologie chinoise permettant de poursuivre le rêve chinois, de moderniser les entreprises d'État et de faciliter leurs financements liés à l'accès plus facile aux fonds internationaux. La montée de la prospérité des pays qui se situent au long du BRI va aussi assurer la stabilité des échanges commerciaux chinoise. Un fait très important, car l'économie chinoise dépend cruellement des exportations.

Les champs d'action pour l'UE

Face au BRI, non seulement les entreprises européennes mais aussi l'ensemble des institutions de l'UE sont dans l'obligation d'agir. Il est nécessaire de formuler une nouvelle vision pour l'Europe afin de ne pas être prise en otage par des intérêts de la Chine.

La force de l'Union européenne est justement liée à la gestion de la diversité intra-européenne.

La liberté d'esprit en Europe renforce la créativité, ce qui est nécessaire dans l'avancée technologique. La force d'innovation est toujours un garant de la grande qualité des entreprises européennes. Due aux structures démocratiques, le respect des droits de l'homme, l'État de droit, un haut niveau de normes et des standards sociaux, l'UE est un acteur agissant dans un cadre réglementaire basé sur des valeurs éthiques et humaines.

Au niveau commercial, le BRI offre de nombreuses possibilités aux entreprises européennes en tant qu'investisseurs, experts, consultants ou bien gestionnaires.

– 1. Investissements dans les projets d'infrastructures, comme, par ex., dans les constructions des chemins de fer, des routes, etc.

– 2. Fournitures des équipements, comme, par ex., des équipements portuaires.
– 3. Partenaires des entreprises de conception, de fourniture et de construction (*EPC = engineering, procurement and construction*).
– 4. Consultants dans la gestion des projets surtout dans la sécurité opérationnelle et dans l'application des lois internationales et locales.
– 5. Management des opérations d'infrastructure[16].

Les chances et les risques sont multiples. Comme pour tout projet transnational de cette ampleur, il y a de grandes différences de culture commerciale à surmonter. Surtout, la confiance entre les différents acteurs internationaux y joue aussi un rôle crucial.

De plus, il y a différents cadres juridiques, ce qui entraîne des conflits entre les standards internationaux et locaux. Aussi, il ne faut pas négliger le facteur « temps » puisque le BRI est un projet gigantesque et sa finalisation ne se réalise qu'à long terme.

En résumé, il y a bien une multitude de facteurs ne facilitant pas la coopération des entreprises européennes dans le cadre de cette initiative.

Le président français Macron – l'espoir pour l'Europe ?

L'élection d'Emmanuel Macron en tant que président de la République française a donné, pour un temps assez court, un nouveau souffle non seulement à la France mais aussi au sein de l'UE. La visite du président en Chine a été observée de près, surtout par la presse française et allemande.

---

[16] Strategy+business (2018) : *A strategist's guide to China's Belt and Road Initiative,* issue 90, spring 2018.

Le président français a été le premier dirigeant européen à saluer l'initiative de « la nouvelle route de la soie ». Si l'on compare les résultats de sa visite en Chine avec ceux de la visite de la chancelière allemande Merkel en 2015, on doit être déçus. Seuls 39 des 50 contrats ont été signés et la moitié n'est que des déclarations d'intention. Aussi, le président français n'a pas vraiment apporté une nouvelle approche face à la Chine. Bien au contraire, en toute courtoisie, il a insisté sur l'importance des relations historiques amicales entre la Chine, la France et l'Europe.

Mais l'erreur éclatante du président français a été de jouer la carte de la rivalité face aux États-Unis, selon le proverbe chinois : « *Lorsque souffle le vent du changement, certains construisent des murs, d'autres des moulins* ». Il a fait allusion à la construction du mur à la frontière entre le Mexique et les États-Unis.

Dans la perspective d'un scénario « G deux », la Chine va toujours se mesurer à des superpuissances, comme justement l'Amérique. La France et aussi l'Europe sont plutôt considérées comme des acteurs à l'échelle moyenne.

Aussi, le président Macron contourne les problèmes de manque d'impact géopolitique de la part de la France et de l'UE face à la puissance incontournable des États-nations tels que la Chine et les États-Unis.

Quel avenir alors pour l'UE à l'aube d'une nouvelle gouvernance globale ?

Conclusion

Plus la mondialisation ne s'accélère, plus le besoin d'appartenance à un territoire, à une région ou bien à un pays s'accentue. La dynamique des flux transnationaux n'efface pas les frontières, ni les lieux[17]. Bien au contraire,

---

[17] Olivier Zajec : *Introduction à l'analyse géopolitique*, p. 238.

il faut constater les puissances géopolitiques des États-nations tels que la Chine, les États-Unis et aussi la Russie qui se renforcent. Ce renforcement est accompagné d'un retour du culte de la personnalité (par ex., celui de XI Jinping et de Poutine) et d'une idéologie guidée par des intérêts nationaux.

L'initiative « une Ceinture, une Route » est un bon exemple. C'est la poursuite idéologique du rêve chinois. Aussi, la stratégie du président américain Trump « *America first* » s'inscrit dans la même logique. C'est en quelque sorte aussi la poursuite du rêve américain.

La crise d'identité européenne

En revanche, l'UE est en manque de rêve. Depuis les flux massifs des réfugiés vers le continent européen, les citoyens européens revendiquent légitimement un rétablissement et un renforcement des contrôles des frontières. Et, ainsi, il faut définir l'identité européenne.

L'UE est aussi un champ d'interaction entre les forces nationales et transnationales (par ex., les entreprises globales, les groupes d'intérêts…). Et justement ces forces transnationales, surtout les sociétés internationales, agissent souvent d'une façon plus ou moins autonome, indépendamment des réglementations issues des États.

L'UE est un acteur intermédiaire, au mieux un acteur avant-gardiste. Il n'y a pas « les États-Unis de l'Europe » ni l'Union pouvant se vanter être une vraie force globale. Car la puissance européenne est bien limitée au niveau économique. Être un acteur global, cela suppose une vision commune sur le plan économique, politique, militaire, social et culturel.

La mondialisation actuelle a provoqué en quelque sorte un nouveau monde bipolaire hautement conflictuel qui demande alors une redéfinition de l'ordre mondial.

Cette rivalité se joue sur plusieurs niveaux :

- Institutionnel : système démocratique versus régime autoritaire, voire des dictatures ;
- Forces nationales versus transnationales ;
- États-nations versus entreprises globales, alliances commerciales et groupements d'intérêts (lobbyisme) ;
- Au sein de l'UE : États-nations versus les institutions européennes et l'Europe de l'Ouest versus l'Europe de l'Est.

L'identité de cœur, une nation de cœur et la force des différences

Les leaders des institutions européennes ne doivent pas sous-estimer les forces nationales des pays membres avec leurs populations respectives.

Dans cette logique, le président français Macron a tort de vouloir poursuive la stratégie de « encore plus d'Europe » sans prendre en compte le sentiment légitime d'appartenance et d'identité nationale. C'est justement Jacques Ancel (1879-1943) qui a ajouté la notion d'identité à la géopolitique. Selon lui, des groupes humains parviennent à un équilibre en raison d'une histoire, d'une culture et d'une langue communes et finissent par se reconnaître une frontière : « … *il défend une nation-idée, une de nation de cœur en soi et non rationnelle.* »[18] Dans ce sens, l'UE peut agir en tant qu'acteur avant-gardiste et questionner la pérennité d'un pouvoir – valeurs contre mercantilisme.

Un nouvel ordre « cosmopolitique » doit assurer une équité des relations commerciales, une transparence des transactions, une justice sociale et surtout une distribution

[18] Gauchon, 2008, p. 7-11.

plus équitable des ressources naturelles, des denrées à l'échelle mondiale. C'est justement la dimension humaine et le recours aux valeurs morales et éthiques qui sont des éléments essentiels dans l'évolution vers cette cosmopolitique tout en respectant les frontières et ainsi la souveraineté nationale[19].

Dans notre monde globalisé, ni l'UE, ni la Chine et ni les États-Unis ne sont des îlots de paradis isolés. Aucun acteur ne détient la vérité absolue. Les défis climatiques, la compétition mondiale accrue (ressources naturelles, nourriture, eau…), la rivalité entre les forces nationales et transnationales et surtout le terrorisme international nous obligent à faire face aux réalités. Il faut abandonner des illusions qui motivent les différentes idéologies (européennes, le capitalisme patriotique à la chinoise, la politique *America first*, le culte de la personnalité, le retour du pouvoir révisionniste), et concilier nos différences et à nous diriger vers une gouvernance globale « cosmopolitique » de valeur humaine, vers une *« identité de cœur »*.

En tant qu'Européens, commençons à nous diriger vers une idée d'une « *Europe de cœur* », selon la vision géopolitique de Jacques Ancel[20].

« C'est le cœur qui vaut et qu'il faut considérer avant tout » (Jacques Ancel).

Bibliographie

Banik Katja (2016) : *Les relations Chine-Europe : à la croisée des chemins,* Paris, L'Harmattan.

Boniface Pascal (2017) : *La Géopolitique*, Eyrolles, Paris.

Commission européenne (2017) : « Le livre blanc sur l'avenir de l'Europe. Cinq scénarios », Bruxelles, Commission européenne.

[19] Banik Katja (2016).

[20] *Id.,* 2016.

Commission européenne (2018) : communiqué de presse, « Sommet UE-Chine : approfondir le partenariat stratégique », Pékin, 16 juillet 2018.
« Discours du Président de la République, Emmanuel Macron, à la Pnyx, Athènes », 7 septembre 2017 ; Elysee.fr
European Union, External Actions : "EU-China 2020 Strategic Agenda for Cooperation", eeas.europa.eu
Eurostat (2018) : "Trade EU28 with China", ec.europa.eu/eurostat/de/home
Eurostat (2018) : "FDI flow EU China", ec.europa.eu/eurostat/de/home
Eurostat (2018) : "EU-China relations", ec.europa.eu/eurostat/de/home
Eurostat (2018) : communiqué de presse, 118/2018, "Überschuss des Euroraums im internationalen Warenverkehr", ec.europa.eu/eurostat/de/home
European Union : "External Action (2008) : EU and China", eeas.europa.eu
Gauchon Huissoud (2008) : *Les 100 mots de la géopolitique*, PUF, Paris.
Hussain Zahid (2017) : *Le couloir économique Chine-Pakistan et la nouvelle géopolitique régionale*, notes de l'ifri Asie Vision, 29 juin 2017.
Luchnikava-Schorsch Hanna (2018): *The China-Paktistan Economic corridor: growth catalyst or debt trap?,* IHS Markit.
Jamestown Foundation (2015): "China's military strategy (2015)", jamestown.org
Juncker Jean-Claude (2017) : *Discours sur l'état de l'Union 2017*, Bruxelles, Commission européenne, 13 septembre 2017.
Lin Yanjun (2018): *The Belt and Road Initiative: Linking China to the world*, IHS Markit.
Nida-Rümelin Julian (2017) : *Über Grenzen denken, eine Ethik der Migration,* edition Körber-Stiftung, Hamburg.
Marshall Tim (2015) : *Prisoners of Geography*, Elliot an Thompson Ldt., London.
Strategy + business (2018): issue 90, spring 2018.
Richet Xavier, Ruet Joel, Wang Xueshu (2017): *New Belts and Roads: Redrawing EU-China relations, China's Belt and Road: a game changer ?*, ISPL, Milano.
Richet Xavier (2017) : *Les investissements directs étrangers chinois en Europe : stratégies et localisations.*

Tatlow Didi Kirsten (2018): *China's cosmological communism: a challenge to liberal democracies*, Merics China Monitor, Berlin.
The Economist (2018): *All under one heaven : China's Belt-road-plans are to be* welcomed – *and worried about*, Print Edition Leaders.
The Wall Street Journal (2018): "The global world order will outlast U.S. leadership" (de James Dobbins), 24 juillet 2018.
Zajec Olivier (2016) : *Introduction à l'analyse géopolitique*, Éditions du Rocher, Monaco.

CONOMIE DE LA MONDIALISATION ET DU DÉVELOPPEMENT AUX ÉDITIONS L'HARMATTAN

Dernières parutions

DIVIDENDE DÉMOGRAPHIQUE ET DÉVELOPPEMENT DURABLE AU SÉNÉGAL VOL 2

Le développement sous un nouveau prisme

Latif Dramani

Préface de Cécile Zoungrana - Postface d'Adama Diaw

Cet ouvrage propose un changement paradigmatique, après que les nombreuses politiques de développement ont manqué à la promesse de la prospérité partagée dans les pays en développement. Son ambition est d'accompagner efficacement les gouvernants par une simplification des méthodes, en leur proposant des outils adaptés à l'élaboration de politiques multisectorielles.

(Coll. Harmattan Sénégal, 800 p., 40 euros)

ISBN : 978-2-343-16188-4, EAN EBOOK : 9782140114472

DIVIDENDE DÉMOGRAPHIQUE ET DÉVELOPPEMENT DURABLE AU SÉNÉGAL VOL 1

Le développement sous un nouveau prisme

Latif Dramani

Préface de Cécile Zoungrana - Postface d'Adama Diaw

Cet ouvrage propose un changement paradigmatique, après que les nombreuses politiques de développement ont manqué à la promesse de la prospérité partagée dans les pays en développement. Son ambition est d'accompagner efficacement les gouvernants par une simplification des méthodes, en leur proposant des outils adaptés à l'élaboration de politiques multisectorielles.

(Coll. Harmattan Sénégal, 390 p., 39 euros)

ISBN : 978-2-343-16187-7, EAN EBOOK : 9782140114465

GESTION DES DÉCHETS SOLIDES MÉNAGERS ET SÉGRÉGATION SOCIO-SPATIALE DANS LA VILLE DE CONAKRY

Marie Rose Bangoura

Préface de Laurien Uwizeyimana

Cet ouvrage essaie d'analyser les raisons de l'échec de la gestion des déchets solides ménagers dans la ville de Conakry dans un contexte de ségrégation socio-spatiale. Il tente également de construire une perspective de gestion qui puisse prendre en compte le traitement et la valorisation des déchets dans cette ville.

(Coll. Études africaines, 660 p., 49 euros)

ISBN : 978-2-343-15829-7, EAN EBOOK : 9782140114373

GUADELOUPE : LE DÉVELOPPEMENT EN QUESTION(S)

Sous la direction de Georges Combé

Ce numéro spécial d'Etudes Guadeloupéennes a pris le parti d'une approche transversale avec un ensemble de contributions qui mettent en question le développement dans ses multiples dimensions. Elles font des propositions novatrices qui pourraient nourrir le débat nécessaire et inévitable sur le devenir de la Guadeloupe. Comment la situer au regard des critères conventionnels du développement ? Si elle n'est pas un pays développé, à quelles conditions peut-elle l'être?

(218 p., 23,5 euros)

ISBN : 978-2-343-16121-1, EAN EBOOK : 9782140113772

DE LA RESPONSABILITÉ ET DU DÉVELOPPEMENT DU CENTRAFRIQUE

Pour plus de responsabilisation des centrafricains

Julien Junior Kovockoua

Cinquante-huit ans après son indépendance politique, le Centrafrique n'arrive pas à décoller sur le plan économique. Certains comportements (despotisme, corruption, mauvaise gouvernance, injustice, etc) ont alimenté de nombreuses querelles fratricides plongeant le pays dans une crise interminable. L'auteur mène une réflexion sur la notion de responsabilité et en fait une liaison avec la question du développement de son pays. En stigmatisant l'irresponsabilité au coeur de cette crise, il met en exergue le rôle que chaque Centrafricain doit jouer dans la reconstruction de ce pays.

(Coll. Points de vue, 118 p., 14 euros)

ISBN : 978-2-343-16110-5, EAN EBOOK : 9782140111044

L'ÉCONOMIE DE LA RÉPUBLIQUE DÉMOCRATIQUE DU CONGO

Croissance ou recul ?

Fabien Maombi Mushi

Depuis l'indépendance, l'économie de la République démocratique du Congo connaît une régression croissante. Son immensité et l'abondance de ses richesses naturelles ne donnent pas une image fidèle quand on analyse la misère de sa population. Cet ouvrage constitue un appel au rassemblement pour discuter de l'avenir du Congo, afin de lui trouver une place stable dans l'économie mondiale pour mieux organiser, prévoir les actions à mener dans les prochaines années qui permettraient d'améliorer le quotidien des Congolais d'ici 2040.

Les Impliqués (242 p., 25,5 euros)

ISBN : 978-2-343-13771-1, EAN EBOOK : 9782140110375

SÉNÉGAL. DIAGNOSTIC D'UN PAYS CANDIDAT À L'ÉMERGENCE

Momar Sokhna Diop

L'émergence économique, voilà un concept de plus en plus utilisé en Afrique. Prudent, Momar-Sokhna Diop préfère dire que les pays africains pourraient aller beaucoup mieux. Prenant comme exemple le Sénégal, il démontre clairement que le développement est possible à condition de consolider l'État et la démocratie, de bâtir des politiques économiques et industrielles endogènes, de mettre en place des partenariats permettant un transfert de compétences et de technologies. En effet, la bonne gouvernance est une nécessité et les pays africains sont très éloignés de cette pratique.

(Coll. Sociétés africaines et diaspora, 226 p., 23 euros)

ISBN : 978-2-343-16162-4, EAN EBOOK : 9782140110450

LA CLÉ DE L'ÉMERGENCE DE L'ÉCONOMIE CONGOLAISE

Analyse critique et nouvelles orientations de politique économique

Emile Ngoy Kasongo

Préface d'Alain Pichot

La clé de l'émergence de l'économie congolaise reste insaisissable. En 58 ans d'indépendance, le pays n'a connu que deux périodes éphémères de réelle croissance économique. Plusieurs éléments retenus comme critères de développement caractérisent les pays émergents. La République Démocratique du Congo répond-elle ou peut-elle répondre à ces critères ? Quel est le rang ou la place actuelle de la RDC comparée aux émergents ? Sur quel horizon temporel et à quel rythme de croissance l'économie congolaise pourrait-elle atteindre la colline du développement ? Quels sont les éléments constitutifs de la clé de son émergence ?

(Coll. Notes de cours, 224 p., 22,5 euros)

ISBN : 978-2-343-16445-8, EAN EBOOK : 9782140109003

ECONOMIE ET DÉVELOPPEMENT EN AFRIQUE

La contradiction principale

Justin Koné Katinan

Préface de Pierre Kipre

"Près de soixante ans après « les soleils des indépendances », beaucoup s'interrogent encore sur la capacité de l'Afrique à conduire elle-même son destin. Le livre de Koné Katinan Justin tente de nous ramener à l'essentiel, sans fioriture et avec les armes de la dialectique marxienne, celle de la contradiction principale du développement dans la présente étape historique." Pierre Kipre

(Coll. L'Afrique qui se bat, 226 p., 24 euros)

ISBN : 978-2-343-15991-1, EAN EBOOK : 9782140106064

INTÉGRATION OU... DÉSINTÉGRATION ?

Comment refonder la dynamique de l'intégration régionale en Afrique ?

Groupe Initiative Afrique

Pour traiter les grands problèmes qui se posent aux pays africains, l'échelon national est de moins en moins pertinent. Le niveau régional apparait même comme le seul réaliste pour parvenir à une véritable émergence. Pour transformer la région en véritable « force » économique l'architecture générale de l'intégration doit être simplifiée et les structures régionales renforcées. Pour jouer leur rôle de pôle d'organisation, 5 mesures sont essentielles, au plan interne comme au plan international. Face à ces défis, des opportunités considérables se présentent à l'Afrique. Les saisir impliquerait cependant un changement d'attitude dans la manière de négocier l'insertion de l'Afrique dans la mondialisation.

(Coll. Harmattan Côte-d'Ivoire, 76 p., 8 euros)

ISBN : 978-2-343-16175-4, EAN EBOOK : 9782140104602

LES QUATRE DIVIDENDES GÉNÉRAUX POUR SORTIR L'AFRIQUE DU SOUS-DÉVELOPPEMENT

Arona Moreau

Sur les quarante-neuf pays que compte l'Afrique subsaharienne, au moins trente peuvent sortir du sous-développement en moins d'une décennie. Pour arriver à une telle performance, il y a quatre domaines précis dans lesquels chaque pays africain se doit immédiatement d'agir. Dans chacun de ces domaines considérés, l'auteur identifie un défi général, global et central à relever, des ruptures fortes à mener et des politiques intelligentes et innovantes à mettre en oeuvre.

(Coll. Études africaines, 470 p., 42 euros)

ISBN : 978-2-343-15985-0, EAN EBOOK : 9782140106545

LA COGESTION DES RÉSERVES DE BIOSPHÈRE DE WAZA ET DE LA BÉNOUÉ DANS LE NORD DU CAMEROUN

Un modèle et son revers

Saleh Adam

Au Cameroun, en fonction de leur richesse, de leur vulnérabilité et de leur importance internationale, les espaces sont classés en réserves de forêt, réserves de faune ou parcs nationaux et sanctuaires. C'est ainsi que les parcs de la Bénoué et de Waza ont été reclassés puis élevés au rang de réserves de biosphère en 1981 et 1982. Bien que bénéficiant de ce statut, ayant chacune un plan d'aménagement et cogérées entre l'administration des eaux et forêts et les populations riveraines, les deux aires protégées se dégradent au fil du temps. La cogestion est en phase de produire les résultats inverses de ceux qu'elle était supposée générer.

(Coll. Études Eurafricaines, 302 p., 31 euros)

ISBN : 978-2-343-16174-7, EAN EBOOK : 9782140106378

LE TRAVAIL NON RÉMUNÉRÉ

Enjeux pour le développement

Barbara Ky

Préface de Jacques Charmes

Le constat de l'importance du travail des femmes traduit un hiatus relatif à la manière dont l'analyse économique appréhende la contribution productive des femmes et l'intègre à la lutte contre la pauvreté. Le travail des femmes, souvent non rémunéré, est largement sous-estimé dans les pays en développement.Cet ouvrage établit le lien entre l'évolution dans la pensée économique du discours sur la pauvreté, l'intégration progressive des rôles sexués à l'analyse économique et la comptabilisation du travail non rémunéré en prenant comme cas pratique le Burkina Faso. Il propose une alternative en faveur d'un développement humain reposant sur des fondamentaux économiques soucieux d'équité.

(Coll. Éthique Économique, 270 p., 28 euros)

ISBN : 978-2-343-14685-0, EAN EBOOK : 9782140102684

Structures éditoriales du groupe L'Harmattan

L'Harmattan Italie
Via degli Artisti, 15
10124 Torino
harmattan.italia@gmail.com

L'Harmattan Hongrie
Kossuth l. u. 14-16.
1053 Budapest
harmattan@harmattan.hu

L'Harmattan Sénégal
10 VDN en face Mermoz
BP 45034 Dakar-Fann
senharmattan@gmail.com

L'Harmattan Cameroun
TSINGA/FECAFOOT
BP 11486 Yaoundé
inkoukam@gmail.com

L'Harmattan Burkina Faso
Achille Somé – tengnule@hotmail.fr

L'Harmattan Guinée
Almamya, rue KA 028 OKB Agency
BP 3470 Conakry
harmattanguinee@yahoo.fr

L'Harmattan RDC
185, avenue Nyangwe
Commune de Lingwala – Kinshasa
matangilamusadila@yahoo.fr

L'Harmattan Congo
67, boulevard Denis-Sassou-N'Guesso
BP 2874 Brazzaville
harmattan.congo@yahoo.fr

L'Harmattan Mali
Sirakoro-Meguetana V31
Bamako
syllaka@yahoo.fr

L'Harmattan Togo
Djidjole – Lomé
Maison Amela
face EPP BATOME
ddamela@aol.com

L'Harmattan Côte d'Ivoire
Résidence Karl – Cité des Arts
Abidjan-Cocody
03 BP 1588 Abidjan
espace_harmattan.ci@hotmail.fr

L'Harmattan Algérie
22, rue Moulay-Mohamed
31000 Oran
info2@harmattan-algerie.com

L'Harmattan Maroc
5, rue Ferrane-Kouicha, Talaâ-Elkbira
Chrableyine, Fès-Médine
30000 Fès
harmattan.maroc@gmail.com

Nos librairies en France

Librairie internationale
16, rue des Écoles – 75005 Paris
librairie.internationale@harmattan.fr
01 40 46 79 11
www.librairieharmattan.com

Librairie l'Espace Harmattan
21 bis, rue des Écoles – 75005 Paris
librairie.espace@harmattan.fr
01 43 29 49 42

Lib. sciences humaines & histoire
21, rue des Écoles – 75005 Paris
librairie.sh@harmattan.fr
01 46 34 13 71
www.librairieharmattansh.com

Lib. Méditerranée & Moyen-Orient
7, rue des Carmes – 75005 Paris
librairie.mediterranee@harmattan.fr
01 43 29 71 15

Librairie Le Lucernaire
53, rue Notre-Dame-des-Champs – 75006 Paris
librairie@lucernaire.fr
01 42 22 67 13

www.ingramcontent.com/pod-product-compliance
Lightning Source LLC
LaVergne TN
LVHW011018061026
849535LV00006B/1938
9782343167534